小学数学综合实践活动

课程设计与实践

肖英、郭红霞 主编

图书在版编目（CIP）数据

小学数学综合实践活动课程设计与实践 / 肖英，郭红霞主编. -- 北京 : 北京语言大学出版社，2018.7

ISBN 978-7-5619-5222-1

Ⅰ. ①小… Ⅱ. ①肖… ②郭… Ⅲ. ①小学数学课—教学设计 Ⅳ. ① G623.502

中国版本图书馆 CIP 数据核字（2018）第 144350 号

小学数学综合实践活动课程设计与实践

XIAOXUE SHUXUE ZONGHE SHIJIAN HUODONG KECHENG SHEJI YU SHIJIAN

责任编辑：吴　硕　　**责任印制：**陈　辉

出版发行：北京语言大学出版社
社　　址：北京市海淀区学院路 15 号，100083
网　　址：www.blcup.com
电子信箱：service@blcup.com
电　　话：编 辑 部　8610-82303392
发 行 部　8610-82303650/3591/3648（国内）
8610-82303365/3080/3668（海外）
读者服务部　8610-82303653
网购咨询　8610-82303908
印　　刷：北京中科印刷有限公司

版　　次：2018 年 7 月第 1 版　　**印　　次：**2018 年 7 月第 1 次印刷
开　　本：787 毫米 × 1092 毫米　1/16　　**印　　张：**17.75
字　　数：200 千字　　**定　　价：**56.00 元（含教师手册与学生手册）

PRINTED IN CHINA

编委会

主　编：肖　英　郭红霞

编　委（以姓氏拼音为序）：

洪　莉　贾素艳　刘文静　马　洁

苏　蕾　施　展　邵　钦　孙雅娟

谢利利　张　璐　张缅科　赵铁平

目录

观察物体

——一年级培养空间观念的课程与实践研究

第一部分：课程目标

一、教学目标

❶ 通过实际观察实物，体会从不同方向观察物体看到的形状可能是不同的。

❷ 能根据具体实物、照片或直观图，辨认从前面、后面、左面、右面、上面观察到的简单、单一物体的形状。

❸ 参与寻物游戏，经历观察、想象、再观察、再想象等过程，建立实物与图的联系，能寻求到辨析左右的方法，积累观察经验。

❹ 经历从不同角度拍摄同一物体的过程，感受站在不同角度看到的不同样子，同时在相互交流过程中猜测每幅图的拍摄角度，亲身经历物与图、图与物的双向关系，进一步积累观察经验。

❺ 经历思考、想象、实际站队、再观察等一系列活动，感知将物抽象成图、由图还原成物的过程，探索观察方法，头脑中形成表象，发展空间想象能力。

❻ 参与、经历定向拍照活动，再次建立二维与三维的联系、实现双向转化，形成清晰、稳定的表象，积累活动经验、发展空间观念和推理能力。同时体会数学与生活的密切联系，激发学习兴趣，学习如何与他人分工合作，培养团队协作能力。

二、评价目标

❶ 关注学生是否能够发现从不同角度观察物体看到的样子可能是不同的，能否正确辨认出从前面、后面、左面、右面和上面观察到的物体的样子并进行选择。

❷ 关注学生是否能观察发现并掌握一定的观察物体的方法，能够有序观察、抓住物体的特征进行辨析，并用简洁的语言表达观察方法及结果。

❸ 关注学生能否从众多相似的照片中选择出与实物一致的照片，并能表述清楚判断的方法；关注学生出现错误时，其错误原因及解决策略是怎样的；关注其在辨析过程中积累的观察经验和方法。

❹ 关注学生由物到图和由图到物的想象与验证，关注其相互转化经验和方法的积累、头脑中表象的形成与描述，促其空间想象力、推理能力及表达能力的提高。

❺ 关注小组合作过程中每个人的参与度及与同伴的协作情况；关注遇到问题时寻求解决的策略，提高解决问题的能力。

第二部分：任务活动设计

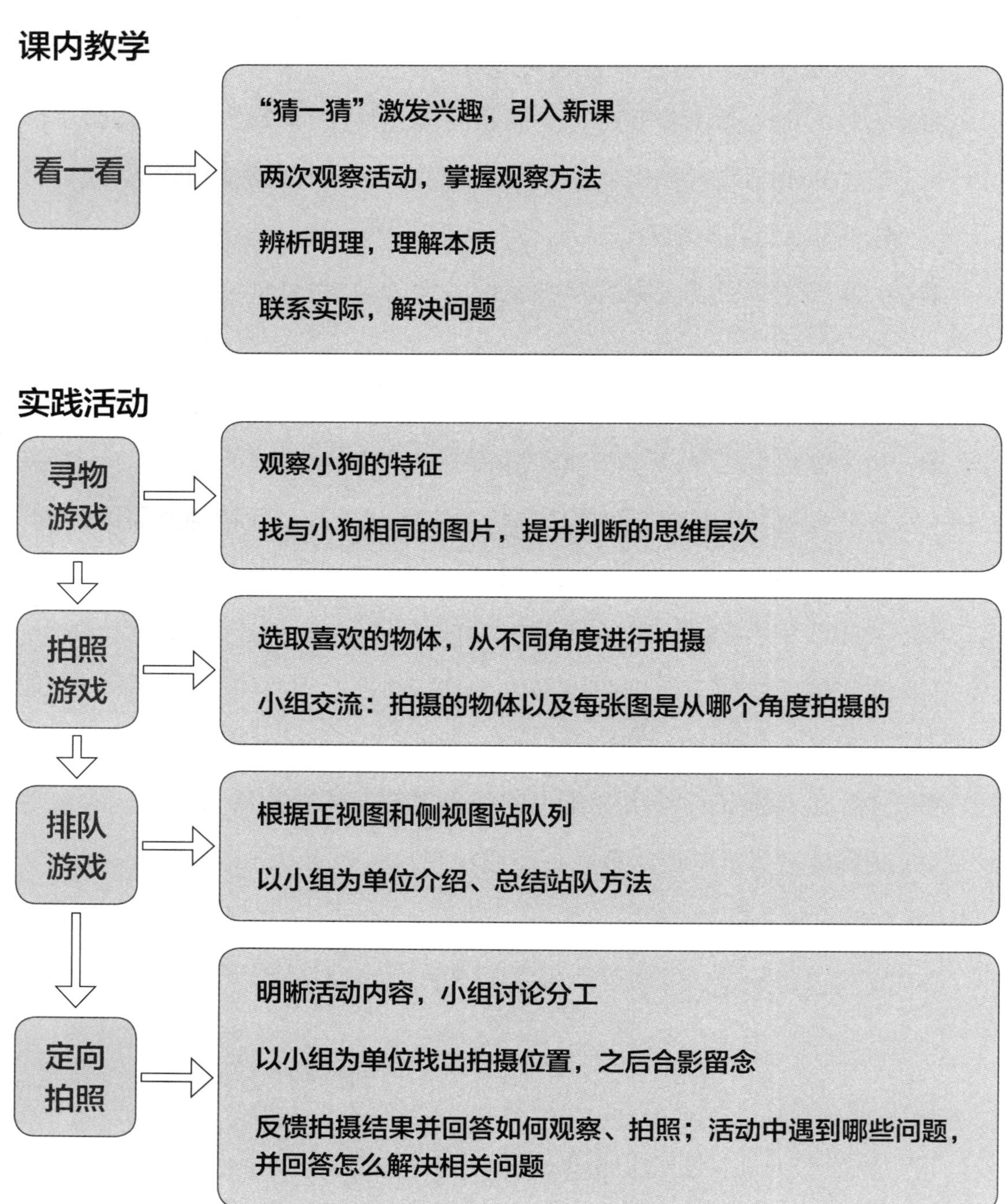
课内教学
看一看
“猜一猜”激发兴趣，引入新课
两次观察活动，掌握观察方法
辨析明理，理解本质
联系实际，解决问题
实践活动
寻物游戏
观察小狗的特征
找与小狗相同的图片，提升判断的思维层次
拍照游戏
选取喜欢的物体，从不同角度进行拍摄
小组交流：拍摄的物体以及每张图是从哪个角度拍摄的
排队游戏
根据正视图和侧视图站队列
以小组为单位介绍、总结站队方法
定向拍照
明晰活动内容，小组讨论分工
以小组为单位找出拍摄位置，之后合影留念
反馈拍摄结果并回答如何观察、拍照；活动中遇到哪些问题，并回答怎么解决相关问题

一、对课程任务的解读

(一)《观察物体》课程的空间观念培养

空间观念是几何课程改革的一个核心的概念，《数学课程标准(2011)》从以下四个方面对空间观念进行描述：①空间观念主要是指根据物体特征抽象出几何图形，根据几何图形想象出所描述的实际物体；②想象出物体的方位和相互之间的位置关系；③描述图形的运动和变化；④依据语言的描述画出图形等。这是一个包括观察、想象、比较、综合、抽象分析，由低到高不断向前发展的认识客观事物的过程，是建立在对周围环境直接感知基础上的、对空间与平面相互关系的理解和把握。空间观念是由长度、宽度、高度表现出来的客观事物在人脑里留下的概括形象。空间观念是创新精神所需的基本因素，甚至可以说没有空间观念，几乎谈不上任何发明创造。

众多学者都对“空间观念”进行了研究、描述、概括，虽不尽相同，但其本质基本相似：发展学生空间观念要注重学生的生活经验，奠基空间观念；在课堂上，要通过多样化途径，形成空间观念；要具备一定的想象能力，从而发展空间观念；能够解决一些实际问题，进而巩固空间观念。

空间观念的培养不是孤立存在的，它包括三个维度：实物；图；语言文字对图或物性质或关系的描述。

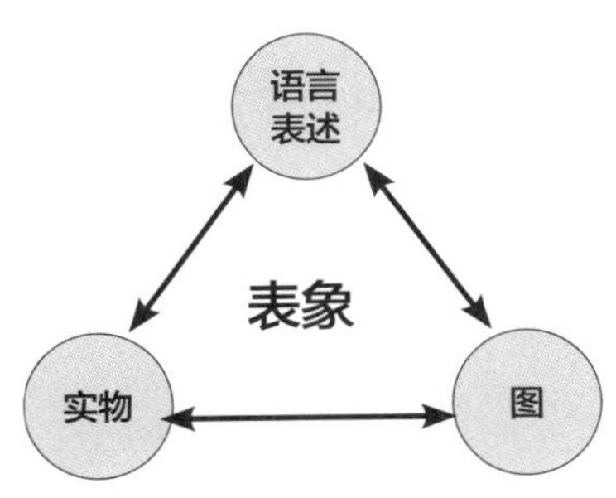

这三个维度两两之间是相互关联、相辅相成的，这三个维度之间的转化与连通都需要有表象做支撑。所以培养空间观念的核心就是培养表象的清晰性和稳定性。具体到一年级教学活动中，空间观念的培养应该聚焦到实物和图之间的关系，二维和三维之间的相互转化是低年级空间观念培养的核心。

（二）教材梳理

“观察物体”属于视图的内容，隶属于图形认识的范畴。对于视图，课标中有如下定位：

第一学段：能根据具体实物、照片或直观图辨认从不同角度观察到的简单物体；

年级	内容	教材	知识要求
一下	看一看（一）		通过观察实物的前、后、左、右几个面，体会从不同方向观察同一个物体所看到的形状可能是不同的。
	看一看（二）		通过观察实物的前、后、左、右、上几个面，体会从不同方向观察同一个物体所看到的形状可能是不同的。

年级	内容	教材	知识要求
三上	看一看（一）	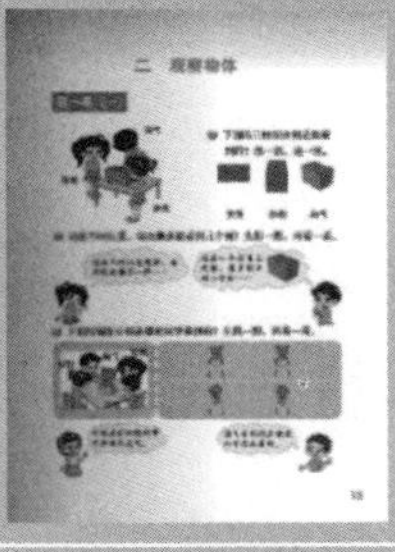	根据图片或直观图辨认从不同角度观察到的简单物体；体验从不同角度观察长方体，每次最多只能看到三个面。
	看一看（二）		体验从不同位置看到的物体间的相对位置可能是不同的，并能根据物体的相对位置辨认从不同位置观察到的简单物体。

第二学段：能辨认从不同方向（前面、侧面、上面）看到的物体的形状图；

年级	内容	教材	知识要求
四下	看一看	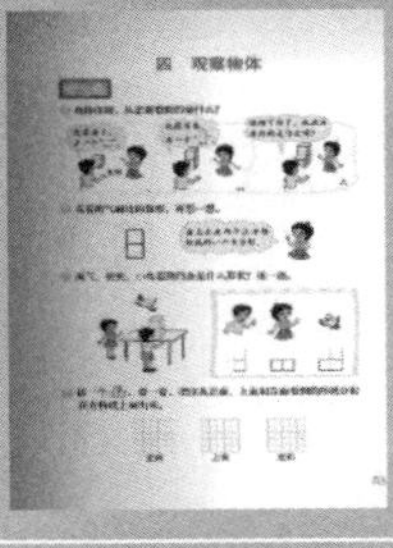	通过观察和操作活动，将立体图形（最多 4 个正方体）转化为平面图形，能在方格纸上画出从它的正面、上面、侧面看到的形状。
	我说你搭	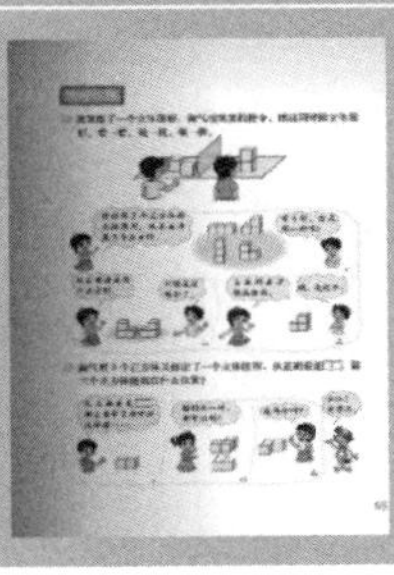	经历按指令搭立体图形的过程，体会必须根据正面、上面和侧面的形状特征，才能确定所搭的立体图形。

年级	内容	教材	知识要求
四下	搭一搭	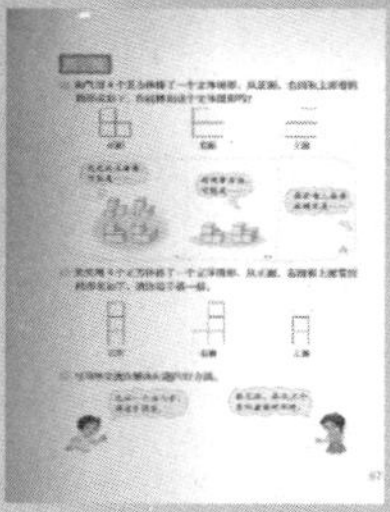	根据不同位置看到的立体图形的形状还原立体图形，探索搭立体图形的策略和方法。
六上	搭积木比赛	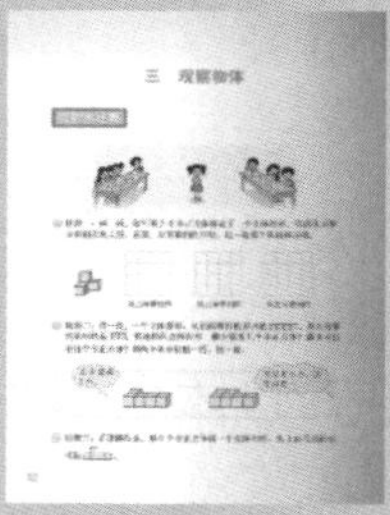	正确辨认从不同方向（正面、左面、上面）观察到的立体图形（5 个小正方体）的形状，并能画出相应的平面图形。
	观察范围	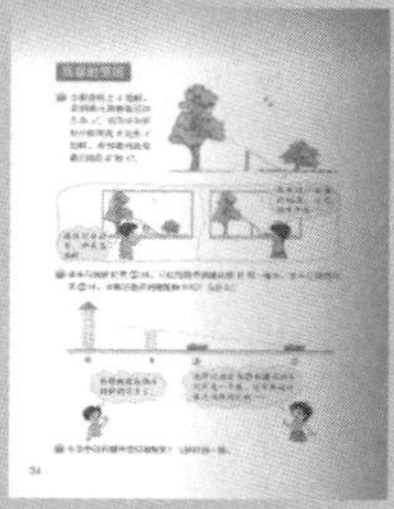	感受观察范围随观察点、观察角度的变化而改变，了解物体间的相互关系，能利用所学知识解释生活中的一些现象。
	天安门广场	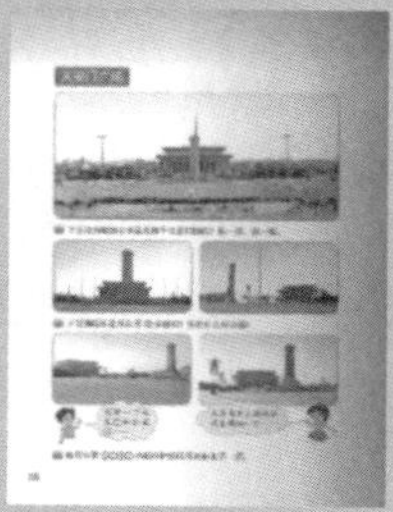	能识别和判断拍摄的地点与照片或图片的位置关系，感受不同地点观察物体的相对位置。

两个学段体现了从直观整体到局部认知的认识过程，符合学生的认知特点。

本单元是教材中第一次出现观察物体的内容，学生观察物体的直接经验与发展学生的空间观念是相辅相成的。因此，教材在设计上，一方面运用了学生观察物体的直接经验来提升他们的空间观念，另一方面又创设了对学生现有水平具有挑战性的问题，以此来促进学生空间观念的实质性发展。

本单元精心设计和安排不同层次的观察活动，帮助学生发展初步的空间观念。

一是实物观察，让学生亲身经历“观察实物——直观感知——形成表象——想象判断”的过程，体会从不同方向观察物体所看到的形状可能是不同的，获得从不同方向（或站在相对于物体的不同位置）观察物体可能看到不同形状的直接经验。

二是间接观察物体，如教材中“观察大象”教学环节——图中小猴、小猫分别从不同的方向观察同一头大象，学生通过观察这幅图来辨别它们各自看到的大象是什么形状。这一活动过程，主旨在培养学生的空间想象和对几何图形的记忆，这是发展学生空间观念的重要基础。这种间接观察物体的活动，学生经历的是“观察实物图——空间想象判断——形成表象——观察实物验证”的过程。实物观察是“看图观察”的基础，“看图观察”是实物观察的发展，因此，教材在问题串的设计上是让学生经历从实物观察到“看图观察”的过程，以此帮助学生积累观察物体的经验，发展空间观念。

《观察物体》课程其实是贯穿于整个小学阶段的，由浅入深地不断培养学生的空间观念，发展他们的空间思维。

本单元从观察实物的前、后、左、右几个面入手，体会从不同方向观察同一物体看到的形状可能是不同的，再发展到从更多角度观察物体，由易到难，遵循学生的认知规律，不断培养学生的空间观念和抽象思维。

本单元知识点可以这样串联：

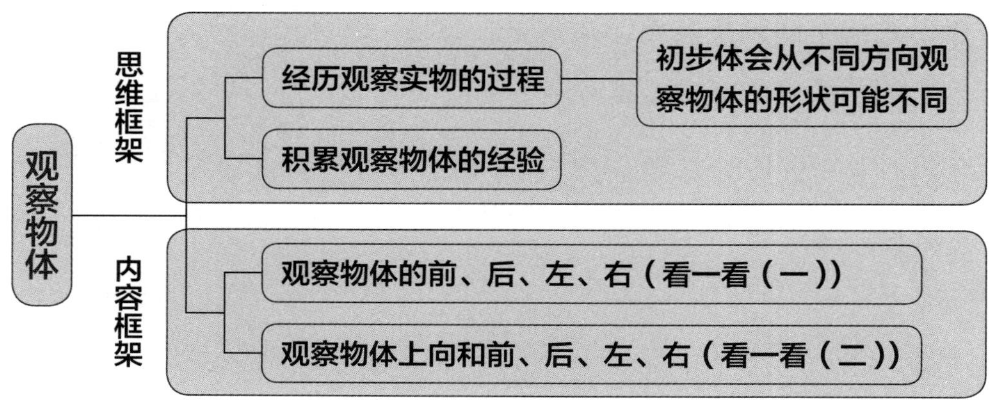

（三）学生调研

调研题目： 三个小朋友观察茶壶，他们看到的分别是什么样子？请你连一连。

调研目的： 考查学生利用已有生活经验是否可以正确判断出不同角度看到的物体的样子。判断时的思维路径是怎样的？困难在哪里？是什么原因造成的？

前测人数	正确人数	错误人数
31人	12人	19人

从连线结果分析来看，前测的人中有近40%的学生已经可以独立解决类似观察物体的问题。那么连线正确是建立在理解的基础上，还是对图形的一种直观感觉呢？这就需要对连线正确的12名学生进行访谈。在访谈中我们发现，有一半的学生是直接观察图片就可以进行判断的，但只有少部分可以用语言清晰地表达出判断方法；还有一半是需要把自己转动成和图中人物一致的方向来进行判断的，虽然结果是正确的，但是他们却不能清楚地解释其中的道理。

进一步深入地访谈："为什么要转动身体？"学生的回答相当一致："转动身体，就能和图中的小朋友看到的一样了。"由此看来，学生在解决类似问题时，有了一定的方法，那么他们的学习困难又在哪里呢？我们针对典型错例进行了分析。

典型错例：

通过对做错学生的访谈，我们发现主要有以下三个方面的原因：

（1）没仔细观察图：3人

（2）毫无方法，不会思考：5 人

（3）人、物、图没有联系起来判断，片面地去思考：11 人

通过前测，我们可以看出：

（1）绝大多数学生是以具体形象思维为主，观察事物也是直观地看表面。他们的认知水平还处于由直观认知逐步向抽象认知过渡的阶段，空间观念也处于较低水平。只有少部分学生能够通过观察图片，在脑中形成表象。

（2）多数学生还不能清晰地表达自己的思考过程。

（3）学生思考问题欠全面，这表现在观察的时候没有方法，往往看到哪儿说到哪儿，不会按一定的顺序进行观察，从而导致观察结果的不全面。

（4）从左面和右面进行观察时，学生只关注组成上的相同和不同，没有意识到从相反的方向观察时，结果也是相反的这一本质区别。

（四）发现与思考：

1. 一年级学生没有经过观察物体的专门学习，观察物体不全面、没方法、不能关注到本质，还处在生活经验的直接运用阶段。因而课堂上实物观察活动的开展、观察方法的指导、观察本质的辨析是很重要的。教师重点要帮助学生学会把生活经验转变成数学学习经验，指引学生用数学的眼光观察物体。

2. 细致观察实物的机会不多，图和实物之间的转换对学生来说就更困难了，主要表现在左右观察的困难上。因而建立人、物、图三者之间的联系，多角度让学生观察是本次活动的重难点所在。

3. 教材中这部分内容的安排相对单薄，可适当拓展一些多角度、多层次的观察活动，特别是从图到实物的转换，丰富学生的表象，积累经验，提高空间观念。

二、活动内容

（一）课内核心课《看一看（一）》

【教学目标】

❶ 通过引导学生参与各种形式的数学活动，使他们体验从不同的位置观察同一物体所看到的形状可能不同，领悟观察物体的方法。

❷ 通过观察、交流、比较，培养学生与人交流的能力以及观察能力，培养和发展学生的空间观念。

❸ 通过教学活动，培养学生初步的数学意识，学会用数学的眼光和方法观察、分析生活中的有关物体。

【教学重点】

❶ 体会从不同的位置观察物体所看到的形状可能是不同的，并掌握一定的观察方法。

❷ 能正确辨认从不同位置观察到的简单物体的形状。

【教学难点】

体会从左、右两个相反方向观察物体时，观察到的结果也是相反的。

【教学资源】

教材、课件、辅助教具（玩具小牛）

【教学实施】

一、激发兴趣，引入新知

1. 猜老师的朋友。

2. 复习学过的方位词。

3. 今天我们就会用到这些方位词来观察物体（板书课题：观察物体）。

【设计意图】从“猜”入手，快速将学生带入一种特定的学习情境之中。一是复习前面所学的方向与位置的知识；二是为学习“从不同的角度观察物体”作好心理和知识方面的准备。

二、观察交流，掌握方法

1. 第一次观察，体会观察方法

（1）仔细看一看，你坐在小牛的哪面？从你的位置能看到小牛的什么？

（2）请一位同学来介绍，另一位同学根据他的介绍摆放。

小结：在观察的时候做到全面很重要（板书：全面）。

（3）要想做到全面，你有什么好办法？

小结：我们按照一定的顺序去观察，就能做到全面了（板书：有序→全面）。

（4）再次有序地介绍你从小牛的前面都看到了什么？

【设计意图】通过学生边介绍边摆的活动，使学生体会观察时要做到全面的重要性，进而找到观察全面的方法。在方法的指导下，再次引导学生体验有序地观察。

2. 第二次观察，巩固观察方法，初步体会从不同的位置进行观察，观察到的结果可能不同。

（1）如果顺时针交换座位后，你又能看到小牛的什么？

（2）请同学展示，并由其他人评说他是按什么顺序介绍的，介绍得是否全面。

【设计意图】通过换位置进行再次观察，使学生懂得观察要有序、全面并初步感受观察的位置所发生的变化，明白位置变化后所看到的形状可能不同，培养空间观念。

三、辨析明理、理解本质

1. 从相反方向观察，引出矛盾

（1）小牛的左面我们已经观察过了，它的右面会是什么样呢？请你先闭上眼睛想象一下。你觉得它的左、右两面一样吗？

（2）每个人都到小牛的左面和右面亲自观察，现在你觉得这两面到底一样不一样？

2. 辨析明理，解决矛盾

（1）出示图片，找相同（培养学生的观察能力，从实物到图，学生再根据所观察的图用语言描述它们的相同点，把实物、图、语言描述相互联系在一起，培养学生语言表达能力）。

（2）进一步观察，找不同（去除非本质的部分，通过观察本质的区别，帮助学生在头脑中形成左右两面清晰的表象）。

（3）深入思考，揭示本质

小结：看来，我们从左面和右面两个相反的方向去观察的时候，观察到的结果也是相反的。

（4）进行活动

概括总结、体会观察位置与所看到形状的对应关系。

【设计意图】通过学生想象、观察、辨析、思考的过程，逐步揭示从相反的方向观察，观察到的结果也是相反的这一本质不同，培养学生的空间观念。

四、联系实际，解决问题

1. 运用智慧老人和机灵狗道具使其站在不同的位置，随后观察小汽车教具，思考他们分别在汽车的哪些位置？

（1）独立思考并连线。

（2）展示学生的观察方法。

2.（机动）几位小朋友站在不同的位置观察茶壶，他们分别是在茶壶的什么位置进行观察的？判断一下这几位小朋友看到的茶壶分别是什么样的？

（1）独立思考、连线。

（2）小组交流并展示。

小结：当我们没有实际物体进行观察的时候，还可以找物体有标志的部分，根据标志的方向去判断。

【设计意图】通过学生想象、交流，掌握从不同位置观察物体的方法，发展学生的空间观念。

在这一阶段的活动中，学生不仅丰富了观察的方法，而且通过观察、思考、讨论、辨析、推理不断经历二维和三维之间的转化，在此过程中，学生逐步能够用清楚的语言来表达思维的过程。这对于学生来说是一次认识上的飞跃，更是空间观念发展的重要一步。

在教材所设计的练习中，观察者一般从两个或三个角度进行观察，只有一道题是从前、后、左、右四个角度进行观察的，且观察的实物具有明显特征，这对于学生的现有水平来说都相对简单，不能完全满足学生提升思维的需要。同时，教材中缺乏从图回到实物进行验证的活动。因此，我们又进行了第二阶段的活动：

（二）拓展实践活动课

为丰富学生的观察体验、积累经验、发展学生的空间观念，我们特别设计了几个有意思的实践活动，希望学生能在多个不同层次和类型的活动中积极参与、积极思考，能较好地建立实物与图之间的联系，提高空间想象能力。

活动一：寻物游戏

【活动目标】 通过寻物游戏，让学生经历观察—想象—再观察—再想象等过程，建立实物与图的联系，能主动寻求辨析左右的方法，积累观察经验。

【活动步骤】

（一）观察小狗，说说你观察到了什么？

图（1）

（二）仔细观察图（2），找出与图（1）一致的小狗，在表格里打√（有困难的学生可到活动室进行实物观察）。

图（2）

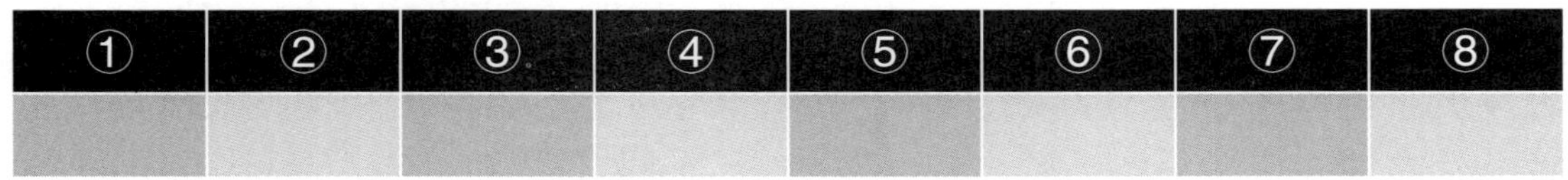

①	②	③	④	⑤	⑥	⑦	⑧

（三）交流判断的方法，关注左右的辨析，积累观察的经验。

【活动反思】

学生在观察物体的时候，主视图和俯视图是相对好辨认的，而三视图中的侧视图对于学生来说是困难的，左右两面很难区分，在教材中很少出现这样的题目。为了拓展学生的空间观念，我们设计了这样一个活动，能够让学生在参与游戏的过程中，清晰地想象出同一物体两侧分别是什么样子。同时，我们给予实物的支撑，从图回到实物，更深入地巩固他们的空间想象能力。

在活动中注重学生对观察、判断方法的交流，培养学生灵活运用观察方法，让他们的思维更加地严谨，考虑问题更全面，空间想象能力逐步提高。学生大概有这样几种不同层次的思维方法：（1）左右清晰，找到了实物和观察者左右的关系进行直接判断，蝴蝶结在小狗的右耳朵上，也就是在“我”的左边；（2）把自己当成小狗，仿照图片转动身体进行判断；（3）观察实物，实际转动小狗进行判断。活动开始后第一次选择时有 62% 的学生可以直接进行判断（使用方法 1 和方法 2），没有认知困难并且能选择正确；另外 38% 的学生有困难或有部分错误需要借助实物（方法 3）来完成和改正。在之后的讨论、交流中，学生充分交流、学习体验不同方法。第二次随机出示图片判断相同与不同时，层次有不同程度的提高，基本掌握了观察、判断的方法，基本都能够脱离实物进行正确判断，空间想象能力也得到了相应提高。

活动二：拍照游戏

【活动目标】 经历从不同角度拍摄同一物体的过程，感受站在不同角度看到的不同样子；在相互交流过程中猜测每幅图的拍摄角度，亲身经历物与图、图与物的双向联系，进一步积累观察经验。

【活动步骤】

（一）多角度观察实物

出示实物玩具小狗，想象并观察从不同角度观察的样子；也可带学生到校园观察建筑物，体会不同角度观察的样子可能不同，初步感知先想象再实践的观察过程，发现问题，总结提高。

（二）自选生活中的实物，观察并用相机从不同角度进行拍摄。

（三）交流

1. 介绍自己的拍摄物品和拍摄过程。

2. 猜测他人作品中的每幅图是在哪个角度拍摄的，说说判断的理由，作者订正。

【活动反思】

本活动丰富了观察物体的角度，并让学生经历了多次观察过程（观察玩具狗、观察建筑物、拍摄中观察、观察多个同学的作品），使其在观察中体会多个角度看到的样子，不断积累观察经验。有了充足的观察，拓展出多个角度对学生来讲并不困难。

另外，在交流过程中，特意将“猜测”活动纳入其中，让学生猜测每幅图的拍摄角度，并说说猜测的依据，再次巩固观察的方法、初步将图还原到实物，经历图与实物间的相互转化，丰富学生的体验，使其空间想象在转化中得到提升。

于此同时，拿起相机，走进生活，让学生感受到数学就在身边，更可以激发学习兴趣，使其观察体验更为深刻。

活动三：排队游戏

【活动目标】 经历思考—想象—实际站队—再观察等一系列活动，感知将物抽象成图、由图还原成物的过程，探索观察方法，头脑中形成表象，发展空间想象能力。

【活动步骤】

（一）了解站队问题中的“遮挡”现象，讨论、演示不同角度观察看到的队伍的样子。

师：操场上有一些同学在站队上操，从前面看，我看到了两个人（○○），你猜有多少人在站队？

生：2 人

生：× 人（后面被遮挡）（学生演示）

师：从侧面看我看到三个人（○○○），这下能猜到有多少人在站队吗？

演示

（二）站队游戏

（1）老师给三种队形的正面和侧面图。8 人一组，每组任选一种队形，站出队形。还可以变换一下队形，依然满足正面和侧面看到的样子？

	正面	侧面
①	○○○○	○○○
②	○○○○○	○○
③	○○○	○○○

例：

（2）思考选择的队形最多站几人？最少站几人？其原因是什么，并实践。

（三）集体交流思考的方法

“正面”看可以想：一行有几人？

“侧面”看可以想：有这样的几行？

人数最多和人数最少时又是怎样的？

【活动反思】

这个活动从生活经验出发，但又不完全等同于生活经验，通过多种站队的形式，让孩子去探索观察方法，在头脑中形成清晰、稳定的表象，再根据表象还原具体，发展学生的空间想象能力。这个活动为后面学习数小正方体打下基础，起到过渡的作用。

从活动中我们看到，学生根据队形图，在头脑中已经能够形成一定的表象，也基本掌握一定的方法：也就是先按照一个面站出队形，再按照另一个面的要求调整剩下人的站位。开始时多数组想到的队形形式是比较单一的，在实践和尝试后，队形就开始发生了多种变化，学生能够想到先保证一面不变，然后移动另一面的同学来站出符合要求的队形，说明学生有了一定的思考方法，并且在活动中小组同学也能互相团结合作，培养了他们的合作精神。后面根据学生掌握的情况，我们又提高了难度，加入了“人数最多和最少”的讨论与实践，学生的思维得到了提升，考虑问题也更加全面。

活动四：定向拍照

【活动目标】 组织学生参与、经历定向拍照活动，再次建立二维与三维的联系、实现双向转化，形成清晰、稳定的表象，积累活动经验、发展空间观念和推理能力。同时让学生体会数学与生活的密切联系、激发学习兴趣、学习如何与他人分工合作，培养团队协作能力。

【活动步骤】

（一）介绍活动内容和要求

今天咱们要进行一个“定向拍照”活动，知道什么是“定向拍照”吗？

活动要求：

1. 从任务单中任取一张（教师提供多张不完全相同的任务单），观察任务单中的几幅图都是在哪里拍摄的？又是站在什么角度拍的？

任务单样例：

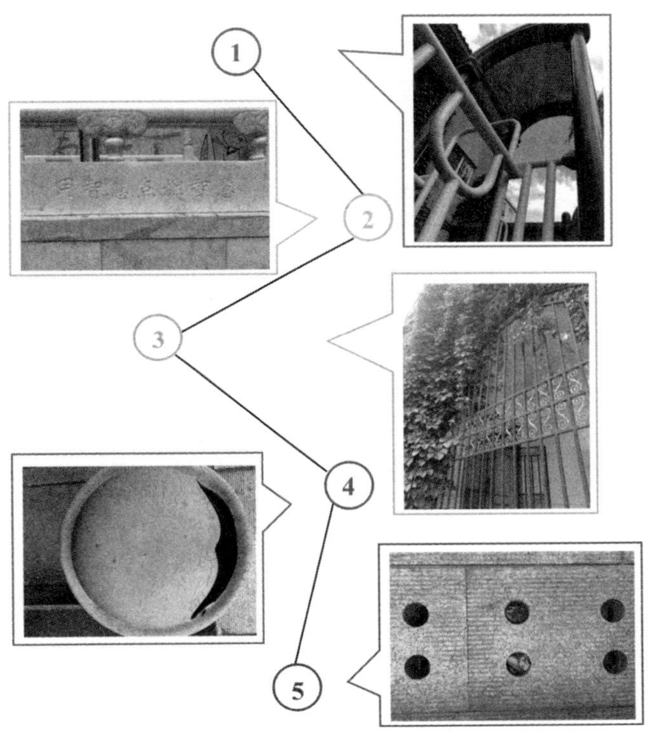

2. 四人一组，小组合作找到5张照片拍摄的位置，然后在这个位置用电子设备拍下小组成员的合影。

（二）小组讨论：怎样才能更好完成任务？小组内是如何分工的？怎么合作的？如果遇到困难怎么办？

（三）定向拍照活动过程。例如：

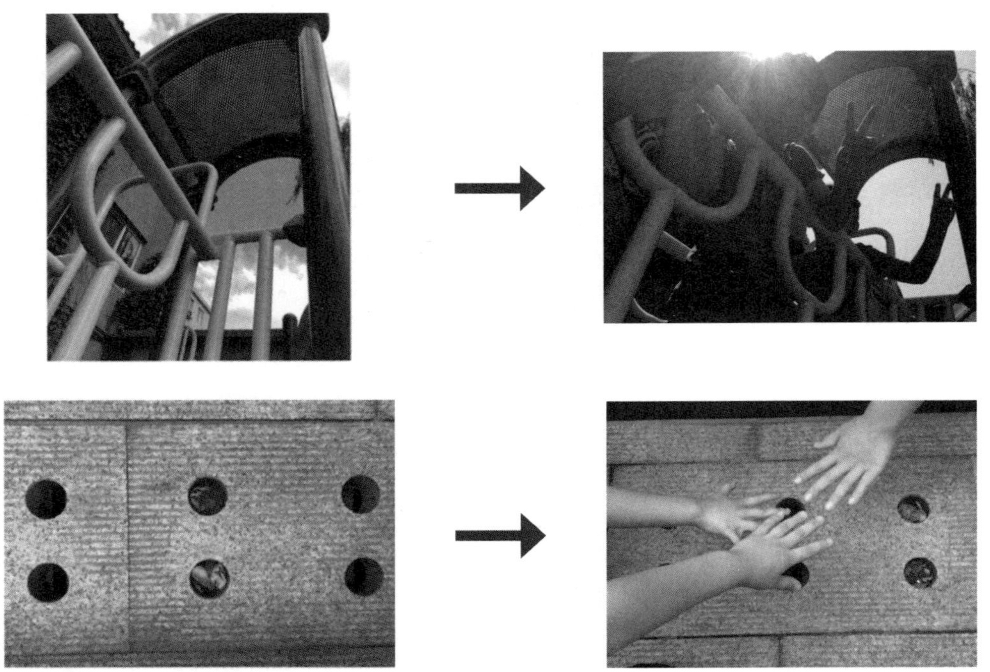

（四）全班交流

1. 欣赏拍摄的照片，介绍拍摄过程及结果；由学生互评并判断照片是否在相同角度拍摄，随后进行打分。

2. 交流拍摄过程，讨论过程中遇到的困难是如何解决的；评出优胜队和配合最默契小组。

【活动反思】

本次活动地点改在了校园里，学生每日行走在校园的角角落落，但不一定细心观察过，更不会从不同角度去观察校园中的物体。学生们拿着任务单去寻找正确的拍摄位置，从数学的角度、从观察物体的角度再次认识校园，学生感到非常新奇，热情很高。

从活动内容来看，找到正确拍摄位置，需要发现拍的是哪里；需要知道站在这个地方的哪个角度拍摄；需要拉近走远将图放大缩小；需要同伴合作留影……在这个过程中，学生需要多次将图转成实物。再由实物转成图，在二维与三维的多次转化中，学生头脑中的表象逐渐清晰、稳定，空间观念有所提升。

从活动过程来看，整个活动需要同伴的亲密合作，需要每个人发现各自的作用，在学习过程中，学生的合作意识得提升。

第三部分：评价细则

一、课内教学

评价方面	1～2分	3～4分	5分
能够有序观察实物，不重复、不遗漏	能根据观察，描述看到物体的部分特征，无序，也不全面。	能根据观察，描述看到物体的特征，无序，但较全面。	能对实物进行有序观察，并能较为全面地描述出物体的特征，语言表达清晰。
能够辨别出物体前、后、左、右、上的图片	能通过观察体验，在对比中正确辨认出部分图片的观察角度。	能通过观察体验，在对比中正确辨认出所有图片的观察角度。	能通过观察体验，在头脑中对物体前、后、左、右、上等不同方向看到的样子形成一定表象，能正确、快速辨认出所有图片的观察角度。

二、实践活动：

活动一（寻物游戏）评价：

评价方面	1～2分	3～4分	5分
能选全	没有思路，特征寻找错误。	基本能找到与玩具小狗装饰相同的小狗图片，有个别遗漏。	能够找全所有与玩具小狗装饰相同的小狗图片。
能说清判断的方法和理由	需要借助实物或动作说明判断理由。	通过观察图片，能观察并描述出小狗的特征，判断有方法，但表述不够清晰。	直接观察图片，通过想象或规律找到符合要求的小狗图片，并能表述清楚自己的判断依据。

活动二（拍照游戏）评价：

评价方面	1～2分	3～4分	5分
拍照清晰、角度多样	观察角度单一、不能很好体现物体的特征。	观察角度不够多样。	能够多角度观察物体，并进行拍照记录。
表达时语言明晰	只能借助手指指向的方法用“这儿”“那儿”等不规范的语言描述或说不清自己拍摄的角度。	能用语言描述自己拍摄的过程，但语言表述不够清晰完整。	能为大家清晰介绍所拍物体及自己的拍摄角度。
能猜出同伴的拍摄角度	能部分猜对他人拍摄物体的角度。	能大部分猜对他人拍摄物体的角度。	能结合经验，猜对他人拍摄物体的各个角度。

活动三（站队游戏）评价：

评价方面	1～2分	3～4分	5分
队形正确	考虑问题不够全面，没能同时满足两个方向的要求或不能灵活改变，方法单一。	能在实际站队活动中经过试验、调整使站队正确，并能尝试找到最多或最少的情况中的一种。	能理解并想象出实际队形的样子，并实践正确，能根据实际站队的活动积极思考，找到最多和最少的情况。
能主动发表见解，说清思考过程	实践活动中能积极参与，但考虑问题不周全，不愿、不敢表达自己的想法。	实践活动中能积极参与和思考，适时表达自己的想法，思路表达清晰。	实践活动中能积极参与和思考，为小组出谋划策，指引小组队员完成，思路表达清晰。
能与同学友好合作	小组中不能与人合作，只顾自己或急于表现自己。	能参与小组活动，但与人合作不够密切。	能与小组成员亲密合作，有大局意识。

活动四（定向拍照）评价：

评价方面	1～2分	3～4分	5分
能找准拍摄位置，拍摄符合要求的照片	拍摄位置、拍摄角度寻找有困难，只能完成少数照片的拍摄任务。	能找准拍摄位置，并通过尝试、调整找到较为正确的角度，能完成大多数照片的拍摄任务。	会观察图片，能找准拍摄位置，并找到正确的拍摄角度，拍摄出符合要求的照片。
能与同学友好合作	小组中不能与人合作，只顾自己或急于表现自己。	能参与小组活动，但与人合作不主动。	能与小组成员亲密合作，有大局意识。
能发现问题，解决问题	遇到问题，回避困难。	遇到困难，解决办法单一。	遇到问题和困难能团结协作，想办法解决。

第四部分：结论与建议

在小学数学课堂教学中，教师在关注学生的知识、技能目标的同时，更应关注学生对数学的思考，让学生自觉地运用数学思维去观察、分析社会现象，解决现实问题，真正做到为形成学生的数学素养而教，为学生健康快乐地可持续发展而教。

当我们把观察视角从“空间观念”这一核心素养展开时，我们更深刻理解了《观察物体》这一主题的任务，感悟到只看看图说一说是完全无法达成目标的。特别是学生第一次经历观察物体的学习，第一次用数学的眼光去观察物体，他们需要经历多次的、不同形式和内容的实际观察活动的支撑，需要观察方法的总结与提炼，需要在图与实物之间不断转化中提升空间想象力……实践活动正好补充了课内两课时无法解决的这些问题，让学生在多种多样的活动中感悟与体验，最终达成教学目标。可见，实践活动的开展有其必要性，也有独特优势。

1. 建议教师调研或关注学生的思考角度，及时调整教学，设计多样的活动，促进学生思维层次在各自基础上都有所提升。

2. 建议教师活动中多给学生提供想象的空间，例如：先想象再实践，先猜测再验证，通过想象与实际的不断调整在头脑中形成物体不同角度的清晰表象，促进学生空间想象能力的提高。

3. 建议引导学生多角度、双向观察物体，设计实物到图、图到实物的不同层次活动，促进学生形成观察物体的完整建构。

4. 建议实践活动带领学生走出课堂，设计学生有兴趣的、有思维挑战的活动，促进学生情感的投入，并在活动中关注学生的表达、合作及个人意志品质的培养，以提升数学素养为最终目标。

方向与位置

——二年级培养空间观念的课程与实践研究

第一部分：课程目标

一、教学目标

❶ 基本知识目标

（1）通过学生观察、操作、表达，使学生经历实物与图之间的转化过程，并学习用语言进行描述。

（2）通过实物与图在头脑中的转换、对应，建立空间观念，增强方向感。

（3）结合具体情景给定一个方向（东、南、西、北）后能辨认其余七个方向，并能用这些词语描述物体所在的位置。

（4）体验数学与现实生活的密切联系。

❷ 实践活动目标

（1）认识各种图标，能够在学校平面图中找到它的位置。

（2）学生能够厘清图标之间的位置关系，并能利用自己所学到的方向知识介绍学校。

（3）结合春季实践活动，在实际生活中辨认方向。

（4）学生能利用手中平面路线图，找到目的地。

（5）在实际应用中提升学生的空间观念。

二、评价目标

❶ 在确定操场方向的过程中，关注学生在进行实物到图的转化过程中能否将现实中建筑物之间的位置关系正确地呈现在图纸上，并用语言描述。

❷ 在制作方向板的过程中，关注学生在学会八个方向的名词之后能否清晰地用这些词汇描述一个物体所在的方向位置。

❸ 在粘贴校园平面图的过程中，关注学生能否清楚地了解本学校几个主要建筑物的所在位置，并将模拟图标粘贴在纸上。

❹ 在春季实践寻宝活动的过程中，关注学生能否看懂简单平面图的指示，在春季实践活动中结合路线平面图进行寻宝活动。

第二部分：任务活动设计

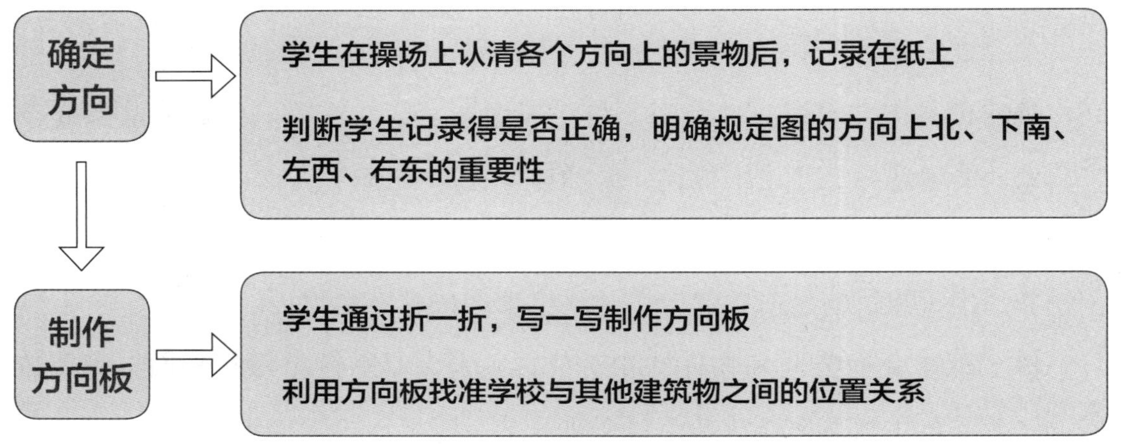
课内
确定方向
学生在操场上认清各个方向上的景物后，记录在纸上
判断学生记录得是否正确，明确规定图的方向上北、下南、左西、右东的重要性
制作方向板
学生通过折一折，写一写制作方向板
利用方向板找准学校与其他建筑物之间的位置关系

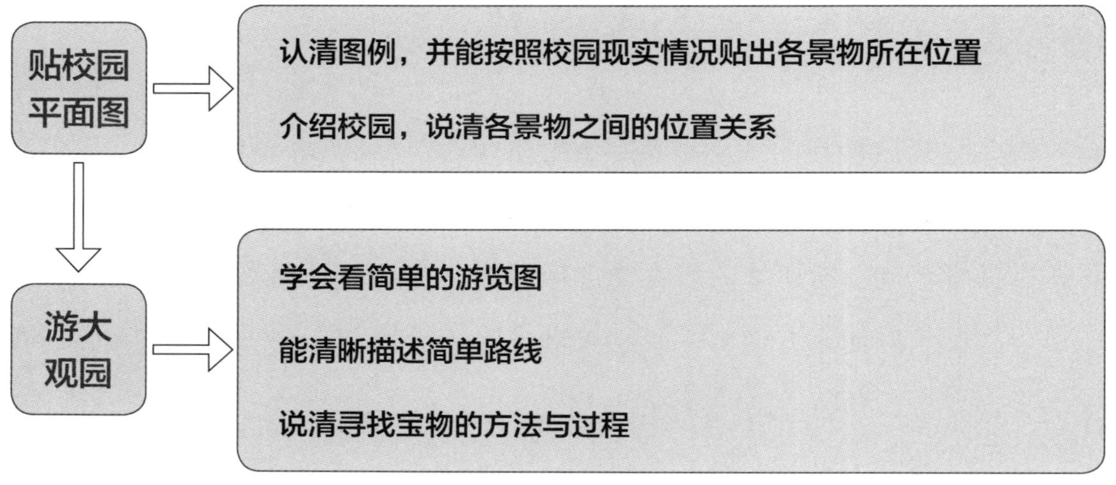
实践活动
贴校园平面图
认清图例，并能按照校园现实情况贴出各景物所在位置
介绍校园，说清各景物之间的位置关系
游大观园
学会看简单的游览图
能清晰描述简单路线
说清寻找宝物的方法与过程

一、对课程主题的解读

（一）《方向与位置》课程中的空间观念培养

“方向与位置”与现实生活密切相关，更易于设计实践活动。

空间观念是指对物体的方向、大小和形状的知觉，是客观世界空间形式在人脑中的表象。空间观念是在空间知觉的基础上形成的，空间观念的积累可以逐步形成空间想象力，这将为目前和以后的学习奠定必要的基础。小学阶段对空间概念的学习属于初步的认知阶段，培养学生的空间观念是扩大他们想象力的基础。也是“方向与位置”教学内容的目标之一。

从平面上认识方向和物体的相对位置关系，是后续学习在平面上确定位置的基础，教师要重视学生数学经验的积累。

1. 学生到操场上确定了“东”这一方向后，应可据此找到其他三个方向的景物，并把自己看到的景物画在纸上。通过辨析，明确规定“上北、下南、左西、右东”的重要性。然后再次回到操场，对照记录单找景物，目的是让学生反复经历“一一对应”的辨认活动，增强学生的方向感。

2. 通过折方向板的活动，唤起学生原有的知识基础，借助学生已有的知识和生活经验，给其他四个方向起名字，从而激发学生主动探索的兴趣，积极参与教学活动。对所学的新方向进行整理，培养学生动手操作的能力和空间观念。能正确使用方向板，会用它来辨认生活中的方向，能用语言描述物体所在的位置，发展学生的空间观念。

3. 组织学生利用所学的方向与位置的知识前往大观园实践，在“地图”与“现实空间”的联系过程中，发展初步的空间观念。

空间观念主要表现在哪些方面呢?《数学课程标准》作了描述，它表现在:“能由实物的形状想象出几何图形，由几何图形想象出实物的形状，进行几何体与其三视图、展开图之间的转化；能根据条件做出立体模型或画出图形；能从较复杂的图形中分解出基本图形，并能分析其中的基本元素及其关系；能描述实物或几何图形的运动和变化；能采用适当的方式描述物体间的位置关系；能运用图形形象地描述问题，利用直观来进行思考等。”

（二）教材梳理

我们确定的“认识圆柱与圆锥”这部分内容隶属于“图形与几何”领域中图形与位置部分。

1. 整体结构

“图形与几何”这一领域的内容共有4个分支：图形认识、图形测量、图形变换、图形与位置。其中，“图形与位置”确定物体的相对位置，辨认方向和使用路线图（包括比例尺的应用）。两条基本线索是：确定物体相对位置的两种方式，即根据方向、距离确定物体的位置和用数对表示位置。

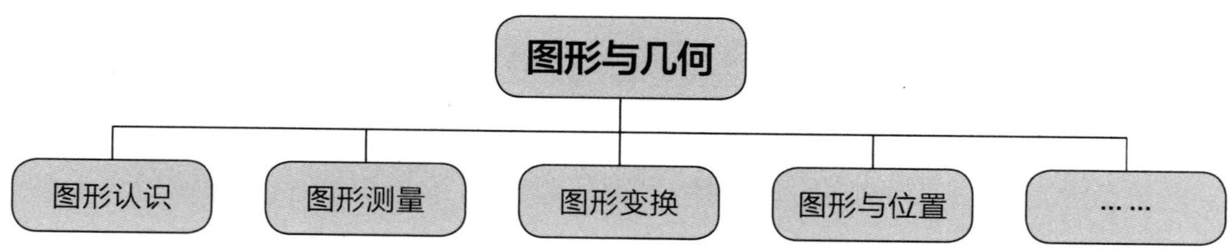

2. 对教材的纵向梳理

“方向与位置”（图表与几何）

	内容	年级
方向与位置	认识上下、前后、左右	（一上）
	辨认东、南、西、北四个方向 了解东南、东北、西南、西北	（二下）
	在方格纸上用数对确定位置 描述简单的路线图	（四上）
	根据方向和距离确定位置 自建参照系确定位置	（五下）

二年级下所要学习的“辨认方向”内容，是学生空间观念建立的一个关键时期，它正好是学生经历在生活中辨认方向过渡到图中辨认方向的过程，同时也还要能结合图再回到生活中去辨认方向。几次转化，正是帮助学生建立空间表象的一个关键时期。

（1）结合具体情景，体会前后、上下、左右的位置关系，会用前后、上下、左右描述物体的相对位置。

（2）能比较准确地确定物体的前后、上下、左右的位置，体会具体位置的相对性。

（3）能描述生活中物品的位置与顺序。

一年级上的学习内容

在一年级学生所学习的“位置与顺序”内容中，更多的还是现实生活中的例证，依据自己的位置来确定“前后、上下、左右”，让学生能在头脑中初步建立表象。主要是从三维空间的任何一个维度（前后、左右、上下）或说“直线上”认识物体的相对位置关系。在具体的情境中观察、思考，在生活场景中体验，借助熟悉的肢体动作等，发展了学生的空间观念。

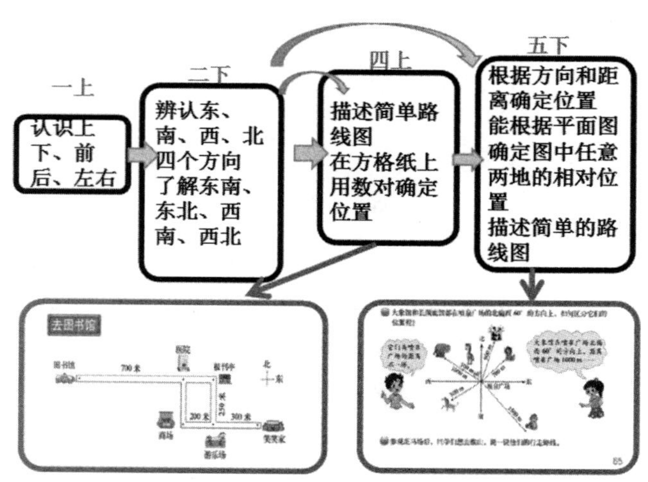

不同年级学习内容对比图

到四年级下和五年级下的学习，更多的是锻炼学生能根据现实方位绘制出平面图、能根据平面图辨别生活中的事物的方位。那么，在生活事物与平面图相互转化的过程中，学生能否建立清晰的表象就尤为重要，只有头脑中的表象清晰，才能更好地辨认和识图。

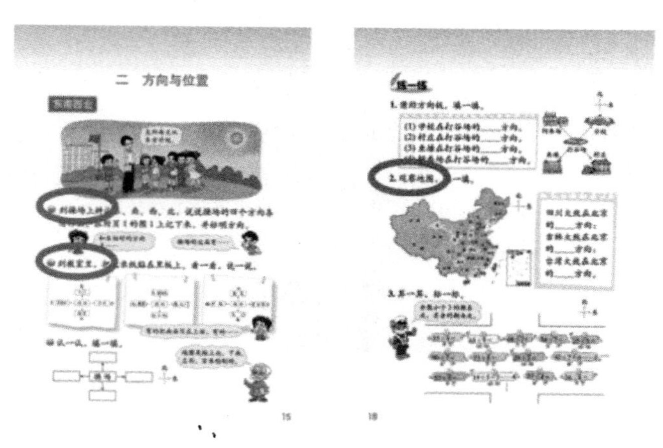

北师版教材举例

二年级下所要学习的内容，是学生从某一一维的空间描述，到二维的平面空间表述的一次重要的飞跃，是学生空间观念发展的一次飞跃。其次，在

辨认方向中，学生要尝试先辨认生活中的方向，再逐渐过渡到图上的方向，在这一过程中，实际是对学生能否建立清晰空间事物方位表象的一次考验，是后续学习非常重要的基础。

3. 对教材的横向梳理

（1）相同的地方

北师大版

苏教版

人教版

师大版（二下）	人教版（三下）	苏教版（二上）
辨认东、南、西、北	辨认东、南、西、北	用“第几排第几个”以及类似的表达方式确定物体所在的位置
知道东南、东北、西南、西北	知道东南、东北、西南、西北	辨认东、南、西、北
	看简单的路线图，描述行走的路线	（二下）
		知道东南、东北、西南、西北
		看简单的路线图，描述行走的路线
		实践活动

1. 现实情境的选择很关键，既要能与学生的生活联系密切，又要容易辨认，帮助学生比较好地建立表象。

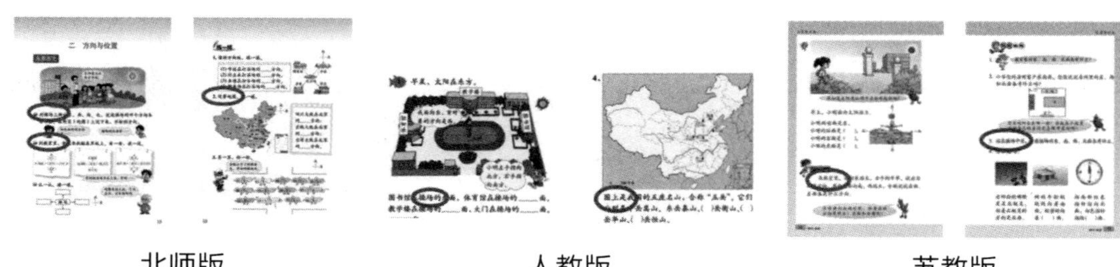

北师版　　人教版　　苏教版

2. 现实情境与平面图的联系很关键，可有效帮助学生有序地建立联系。

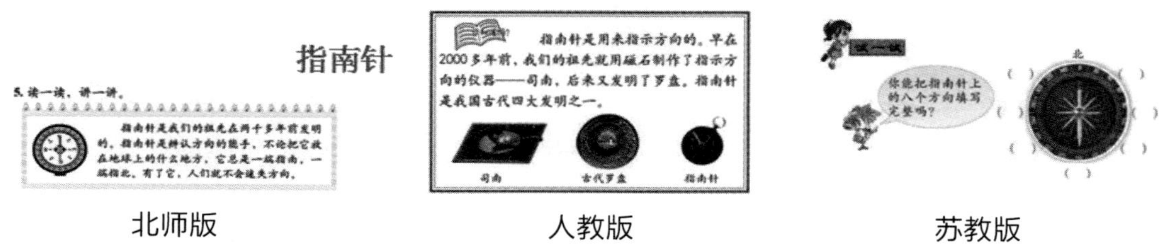

北师版　　人教版　　苏教版

3. 学会使用辨认方向的工具很关键。

指南针的使用虽然不能直接提升学生的空间观念，但利用指南针能帮助学生在头脑中建立清晰的空间坐标。

【我们的发现】

1. 教材是从三维空间的任何一个维度或说从“直线上”认识物体的相对位置关系过渡到从“平面上”认识方向和物体的相对位置关系的。

2. 借助现实情境辨认方向的过程，能帮助学生初步形成方向感。

3. 在“地图”与“现实空间”的联系过程中，发展初步的空间观念。

4. 在教学过程中，让学生学会依据参照物或指南针辨认方向是很重要的。

（2）不同的地方

苏教版在学生学习了“方向与位置”的内容后，在本单元的最后安排了一次实践活动：在校园中找一两个观测点，利用手中的指南针辨认八个方向的景物，并进行记录。这个实践活动非常好，让学生尝试利用工具辨别方向，并进行记录，可以很好地帮助学生建立联系，形成清晰的表象。这一设计的缺陷是缺乏一些趣味性。

蘑菇亭

篮球架

乒乓球桌

每组在校园里找一至两个测量的地点，然后利用指南针找出八个方向的景物，并把下面的表格填写完整。

第__组　测量地点______

方向	景　物
北面	
南面	
东面	
西面	
东北面	
西北面	
东南面	
西南面	

在小组里说一说你测定方向的体会。

51

苏教版安排的实践活动

（三）学情分析

教材中将情境与方向进行了联系，促进学生培养建立空间观念的概念，通过对教材的梳理，我们发现了解学生对方向概念的现有认知水平是非常必要的，于是进行了学情调研。

对课内活动（一）的调研

【调研题目】 你站在操场中间，面向主席台，可以认识哪些方向？把你认识的方向写在下面的图上。

【调研目的】 考查学生在学前对方向知识的现有基础。

【前测人数】 80

	正确写出 4 个方向	正确写出 2 个方向	正确写出 1 个方向	4 个方向全错
人数百分比	10%	3.75%	3.75%	82.5%

从这次前测的结果来看，大部分学生不能准确地判断出生活中的方向，缺少生活中的实际体验和应用，没有将自己真正地放在生活中去判断方位。教师对几种正确率的学生进行了第二次访谈：你是怎样知道东面的？发现了以下几个现象：

1. 正确写出 4 个方向的学生中，只有 1 名学生能够从“太阳升起的方向是东边”这一自然规律出发，判断出其他几个方向及相互之间的关系。

2. 正确写出 2 个方向和 1 个方向的学生能够找准主席台的方向，但其余 3 个方向与“东”的关系并不明确。

3. 4 个方向全错的学生，大部分是机械性地按照“上北、下南、左西、右东”的口诀进行解答，认为左面就是东面，有些学生甚至连口诀也记错了。

综合测试结果，不难看出：

1. 学生对方位词有所掌握，但并不清楚几个方向在生活中的具体含义。

2. 学生找准一个方向后，不能够将熟记于心的方位口诀进行转换；具体确定一个方向后，不能将口诀应用在定位其他方向的过程中。

对课内活动（二）的调研

【调研题目】 你还能再填出其他方向吗？填完再画一画东北方向在哪里。

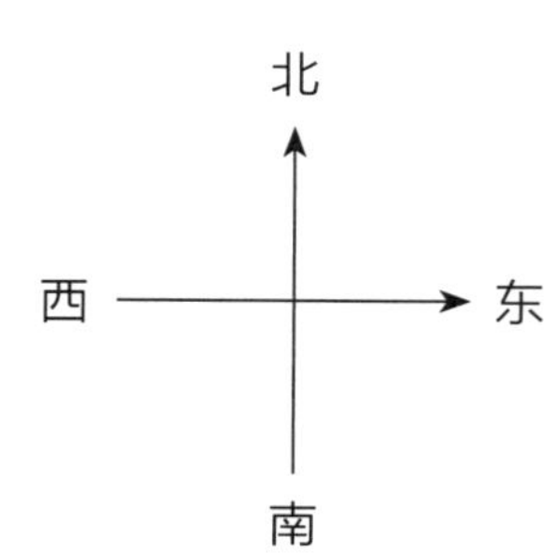

【调研目的】 考查学生在学前对东北、东南、西北、西南方向所指范围的理解。

【前测人数】 80

	正确写出4个方向	正确写出2个方向	正确写出1个方向	4个方向全错
人数百分比	63.75%	5%	7.5%	23.75%

从这次前测的结果来看，一半以上的学生能够正确地判断出缺少的4个方向，说明孩子在学习方向之前是有一些基础的。

设计本题时，没有补充上教材中的其余四条斜线，是为了不让孩子受到斜线的误导而对方向范围产生错误判断。引人深思的是，在寻找东北的范围时，所有学生都在图上画了一条斜线表示东北方向，说明孩子在进行学习之前，对于八个方位均有所了解，但受到日常所见的示意图等影响，认为东北方向就是这条斜线上所有点的集合，没有形成区域范围的意识。

（四）发现与思考

基于以上两次调研，对课内教学产生了如下思考：

1. 在第一课时要求学生掌握四个方位的关系之前，应先让学生明确“太阳升起的方向是东边”这一自然规律。

2. 课堂上学习四个方位的名称后，组织学生到操场上真正切身感受四个方位的具体关系，让学生将课内知识与实际生活进行联系，对学习方向产生现实需求感。

3. 在第二课时要求学生掌握八个方位，除了方位名称，还要重点关注学生对于东北、东南、西北、西南方向范围的理解。可以设计学生辩论环节，让每一个学生都参与进来，充分理解其余四个方位的范围和“东、西、南、北”范围的区别。

二、活动内容

（一）课内核心课《东南西北》

【教学目标】

❶ 通过学习，发展学生的空间观念，体验数学与现实生活的密切联系。

❷ 养成良好的看图习惯。

❸ 通过情境图，学生能根据生活经验，辨认东、南、西、北四个方向。

【教学重点】

通过情境图，学生能根据生活经验，辨认东、南、西、北四个方向。

【教学难点】

通过学习，发展学生的空间观念，使其体验数学与现实生活的密切联系。

【教学资源】

教材、课件、挂图（东、南、西、北主题图）

【教学实施】

一、创设情境，激发学习兴趣

同学们，在我们生活的地球上，有南极、北极、赤道，有东半球、西半球。今天，我们就来学习辨认东、南、西、北四个方向。（板书课题）

【设计意图】 从地图入手，把学生带入特定的学习情境之中。一是激发学生对研究方向问题的兴趣；二是为学习东、南、西、北四个方向做好心理和知识方面的准备。

二、新课探索：

1. 你能说一说：太阳是从哪个方向升起的吗？（东方，请学生指一指）

2. 在操场上辨认方向：

活动 1：学生来到操场仔细辨认四个方向上都有哪些建筑物，然后在纸上记录下观察到的景物及所在方向，并能用语言表述出来。

要求：（1）看看东、南、西、北方各有什么，在纸上记录下来。

（2）标明东、南、西、北四个方向。

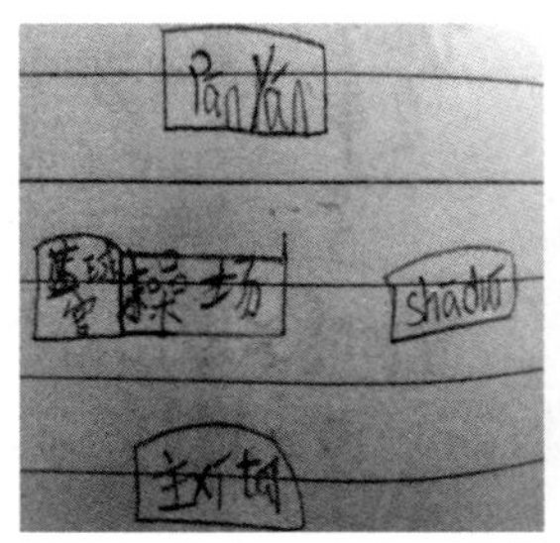

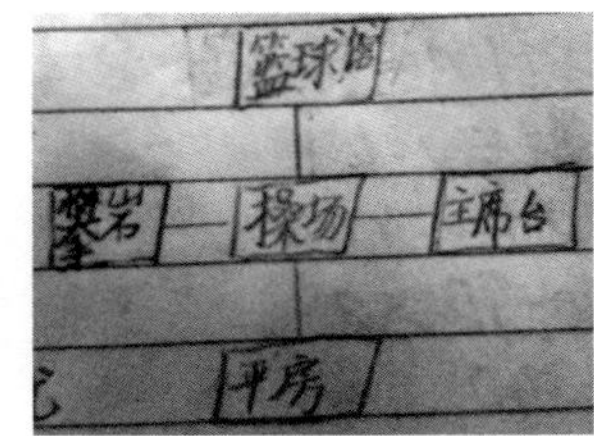

活动 2：回教室集体交流。

（1）把记录纸贴在黑板上。

（2）请大家互相看看有什么不同。

（3）交流各组记录的方法。

提问 1：你站在操场上看到四个方向上都有什么？结合你的记录跟大家说说，同学评价他说的对吗？

提问 2：为什么大家说的都对，而记录在纸上的就不一样呢？

提问 3：我们怎么才能让描述的和记录的一致呢？

【小结】 标注地图或绘制示意图有统一的规定：即上北、下南、左西、右东，我们也要遵守这个规定。

【设计意图】学生到操场上确定了“东”这一方向后，都能找到其他三个方向的景物，但学生画出来的却是各不相同的示意图。学生仔细辨认后也发现没有问题，这样就引出问题所在，按照这样的图是说不清哪个方向有什么景物的，所以规定“上北、下南、左西、右东”的统一标准，让学生明确规定的必要性。

活动 3：学生拿着记录单再次回到操场。

（1）水平拿着记录单，学生面向北，此时记录单上的方向与实际景物方向一致，找一找操场上各个方向一一对应的景物各是什么。

（2）学生不动，手拿记录单慢慢竖起，当记录单与现实景物方向不一致了，找一找操场上各个方向一一对应的景物各是什么。

提问 1：你是怎么利用你手中的记录单找到实际景物的？

提问 2：当记录单上的方向与实际方向不同时，你又是怎么找到实际景物的？

【设计意图】学生再次回到操场对照记录单找景物，目的是让学生在反复经历“一一对应”的辨认活动后，增强学生的方向感。在加强联想的同时，让学生观察、操作手中图纸由水平放置到竖直放置的变化，体会四个方向的内在联系。

（二）课内核心课《辨认方向》

【教学目标】

❶ 借助辨认方向的活动，进一步发展学生空间观念。

❷ 学生可以结合具体情境给定一个方向（东、南、西或北），能辨认其余的七个方向，并能用这些词语描述物体所在的位置，体验数学与现实生活的密切联系。

【教学重点】

❶ 学生结合具体情境给定一个方向（东、南、西或北），能辨认其余的七个方向。

❷ 学生能用这些词语描述物体所在的位置。

【教学资源】

教学图片、方向板

【教学实施】

一、教学引入

1. 说一说，你在教室的位置

师：谁愿意说说你的东、南、西、北都是谁？

2. 出示课件图

师：你看这幢大楼漂亮吗？这是小淘气的学校。

你愿意帮他找找看，他学校的东、南、西、北 各有哪些建筑吗？

认识东南、东北、西南、西北四个方向。

师：你能说一说动物园、图书馆、少年宫、电影院分别在学校的哪个方向吗？

师：下面我们来亲手制作方向板，好吗？

制作时，教师要先给出一个方向，然后学生自行讨论制作。

【设计意图】复习回顾上节课的学习内容，将本节课知识与之联结，以不同的建筑为参照物，帮助学生复习描述“xx 在 xx 的……方向”，并学会用新学的四个方向描述建筑物的具体位置。

二、活动实践

每名学生各发一张正方形的纸。

活动 1：学生拿出一张正方形的纸，折一折，在纸上标出八个方向，制成一个方向板。

提问 1：说一说你的方向板是怎么制作出来的？看看八个方向标的是否正确。

【设计意图】

1. 通过折方向板的活动，唤起学生原有的知识基础，复习已学过的东、南、西、北四个方向。

2. 借助学生已有的知识和生活经验，通过创设情境，让学生给方向起名字，从而激发学生主动探索的兴趣，积极参与教学活动。

3. 通过让学生自制方向板，对所学的新方向进行整理，培养学生动手操作的能力和空间观念。

提问 2：你是如何使用方向板的？

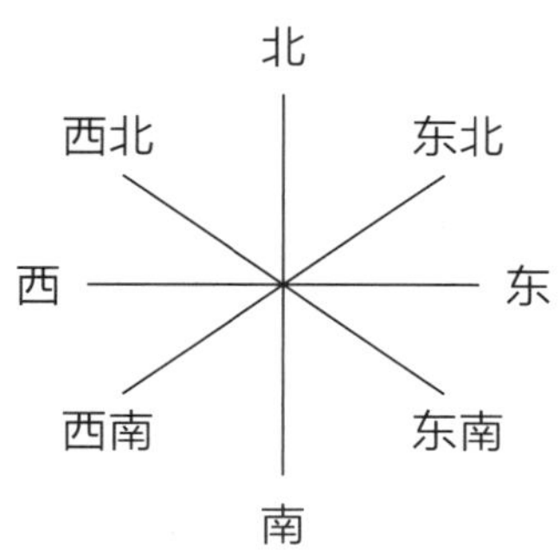

活动 2：拿起方向板到学校的不同位置，分别以不同的建筑物为中心（比如：到操场上以旗杆为中心）拿出方向板比一比，找出它八个方向上的建筑物。将观察结果和同伴说一说，指出它们之间的位置关系。

提问：你能否借助方向板说说学校与它周围八个方向的建筑物之间的位置关系？

【设计意图】学生能正确使用方向板，会用它来辨认生活中的方向，能用语言描述物体所在的位置，发展学生的空间观念。

活动 3：东北方向指的是什么范围？是只在斜线上，还是在正北向东，正东向北偏离的所有范围？学生进行集体辩论，各抒己见。

【设计意图】学生对于东北、东南、西北、西南几个方向的范围存在认知误区，设计此活动让学生能够深刻体会到四个方向并不只是斜线箭头所指的线上，培养学生可以清晰地认知八个方向的范围。

在这一阶段的活动中，学生不仅丰富了对方向与位置的描述及辨别方法，而且通过观察、思考、讨论、辨析、推理，不断经历二维和三维之间转化的过程。这一过程也是，学生逐步能够用清楚的语言来表达思维的过程。这对于学生来说是一次认识上的飞跃，更是空间观念发展的重要一步。

课堂教学结束后，我又对方位实践活动的设计产生如下思考：

1. 通过课堂学习，学生已经掌握了平面中的方向与位置方面的知识，但将平面中的方向与实际生活中的方向建立起联仍系比较困难。

2. 虽然进行了方向与位置的课程学习，但学生缺乏在现实生活中辨别方向的应用，仍然不会用东、西、南、北来形容实际生活中的方向。

3. 教材中这部分内容的安排过于单薄，可适当拓展一些多角度、多层次的观察活动，特别是从图到实物的转换，丰富学生的表象，积累经验，提高空间观念。

4. 尝试利用亲手制作粘贴校园平面图的活动与春季实践活动的机会，带领学生进行“方向与位置”内容的实践活动设计，让学生在玩中学，既能提高学生学习的兴趣，也有助于提高学生的空间观念。

在教材中，本单元学习的八个方向只涉及描述两个建筑或几个简单建筑群的关系，这些对于学生的现有水平来说都相对简单，思维含量不高，不能完全满足学生的需要。并且，教材中缺乏从实物到图，再从图到实物循环转化的过程。因此，我们又进行了第二阶段的活动。

（三）拓展实践活动课

为丰富学生对于方向与位置的探究体验，积累经验，发展学生的空间观念，我们特别设计了几个有意思的实践活动，希望学生在多个不同层次和类型的活动中积极参与、积极思考，能较好地建立实物与图之间的联系，提高空间想象能力。

活动一：粘贴校园平面贴图

【活动目标】 通过亲手制作、粘贴校园平面图，粘贴学校主要建筑及代表性地点，让学生经历观察、想象等过程，建立实物与图的联系，能寻求到辨析东、西、南、北的方法，积累观察经验。

【活动步骤】

每位学生各发一张空白的纸（表示整个校园）。

活动 1：学生能够认识图示，将图示正确贴到校园平面图的各个位置中。

提问：你是怎么把这些地点图片粘贴到校园平面图上的？

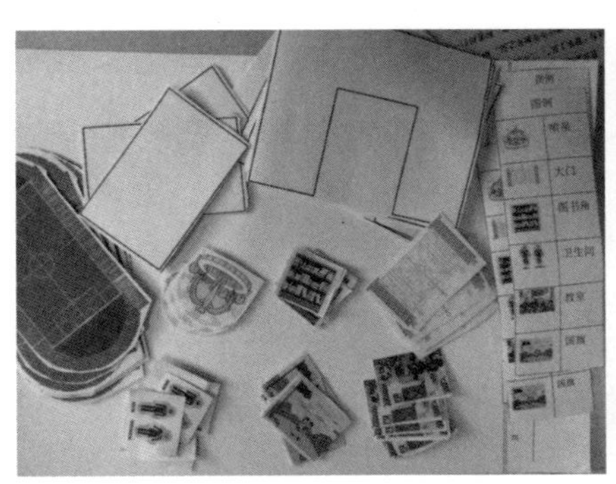

活动 2：贴好后，辨认每个图示所在的位置及各自之间的联系（××在××的什么方向）。

提问：你能说清楚它们之间的位置关系吗？看一看这位同学的平面图，你能看出，这幅图哪里出了问题吗？帮他改正过来！

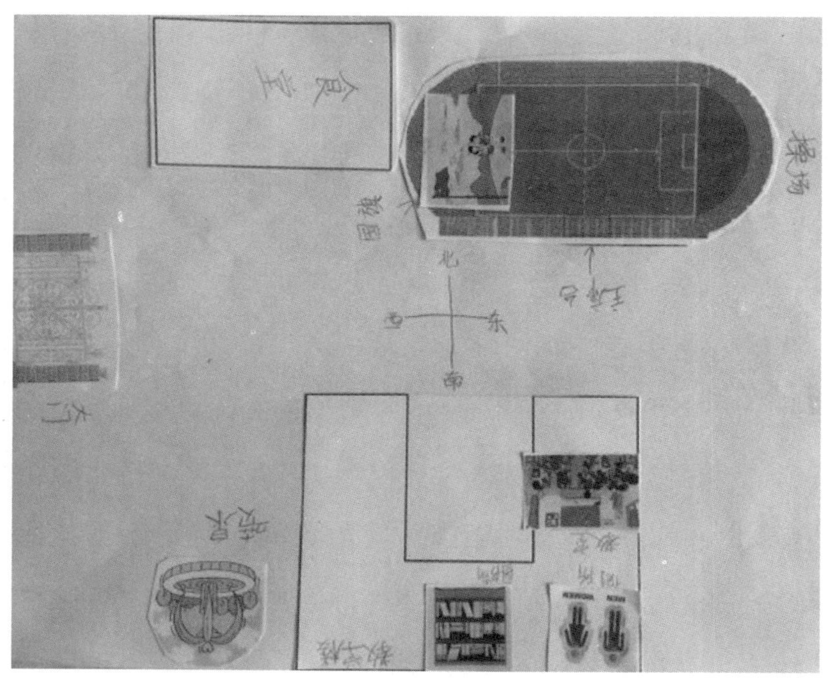

活动 3：以小导游的身份将整个校园情况介绍给同学（讲解清楚向哪个方向走）。

提问：如果你是一个小导游，要带领朋友进行“校园一日游”，你能够向朋友介绍一下咱们的校园吗（设计一个简单的游览路线，说出方向及大概距离）？

【设计意图】

1. 通过粘贴示意图进一步了解校园内部各个方位有什么建筑物，有利于学生熟悉校园环境，并将自己熟悉的地点正确地摆放在校园平面图中，能够清晰地将方位和平面图进行有机结合。

2. 设计游览路线有助于培养学生在面对路径问题时自发寻找最优解的技能，将路线、距离与方位进行结合，锻炼学生整合知识的能力。

3. 介绍校园，充分锻炼学生的语言表达能力。

校园建筑物图片素材示例：

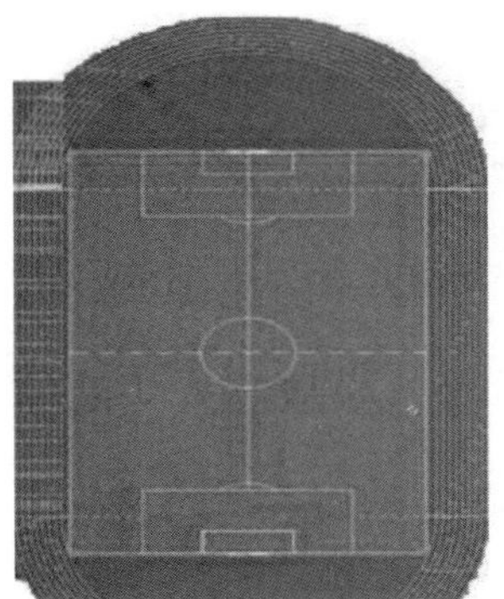

操场

食堂

教学楼

【活动反思】 本次活动经过了几次学生实践，将建筑物的比例修改好。学生拿到图后，教师应先引导学生在图上标注方向指示标，并让学生明确“北”在学校中具体是哪一方向，在头脑中对校园的几个主要建筑有初步印象。先对主要建筑物进行粘贴，再粘贴建筑物里的特殊地点。引导学生从某一“正北”“正南”方向看，如：自己站在大门方向向里看；或自己站在操场方向向外看。本次活动对学生的能力要求很高，需要教师提前做好粘贴说明，盲目开展活动对提高学生能力是无意义的。

活动二：走进花卉大观园

【活动目标】 通过小组间的合作寻宝活动，让学生增强探究数学问题的兴趣。让学生经历观察实景、设计路线图等过程，建立真实景象与路线图的联系，使其在面对新问题时，积累解决问题的经验。

【活动准备】

1. 利用之前的课堂知识，做好识图的准备，将复杂的旅游图进行简化，让学生学会看图，并能描述简单的路线，并能根据描述的简单路线在图上找到对应的景点。

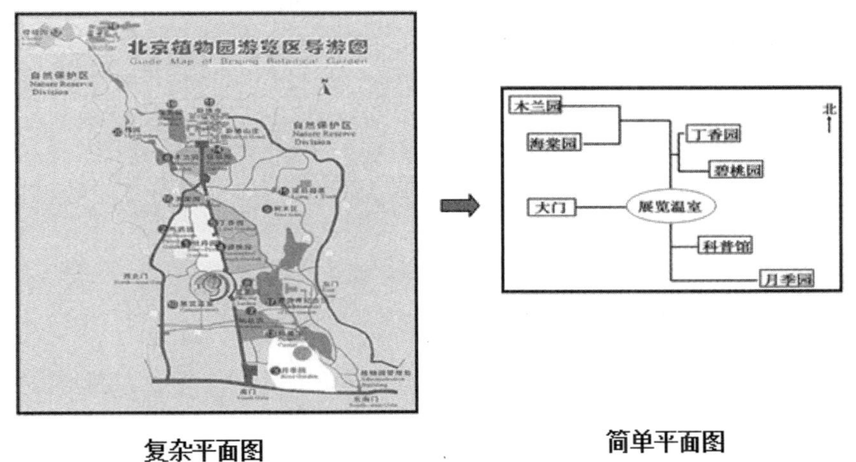

复杂平面图　　　　**简单平面图**

识图准备

2. 活动前提前将打印好的活动地点的平面图发给学生，让学生提前看图，了解各场馆的大致方位，熟悉所去场馆的路线情况，为实践活动做好准备，帮助学生在头脑中先建立好平面图的表象。

花卉大观园平面图

礼物示意图

3. 为提高此次活动的趣味性，老师应预先为每个小组准备好礼物，作为对学生的奖励。

【活动步骤】

1. 将学生进行分组，每组手持一张藏宝路线图。先让学生观察手上的路线图并思考：你现在在哪里？宝藏在什么地方？你该往哪里走？

提问 1：你是用什么方法辨认方向的？

根据平面图辨别方向

根据指南针辨别方向

根据指示牌辨别方向

2. 你是如何找到宝物的？

在寻宝的过程中，学生需将平面路线图转化为实际生活中的场景图，经历思维转变进而完成方向的辨认，找到要去的场馆。

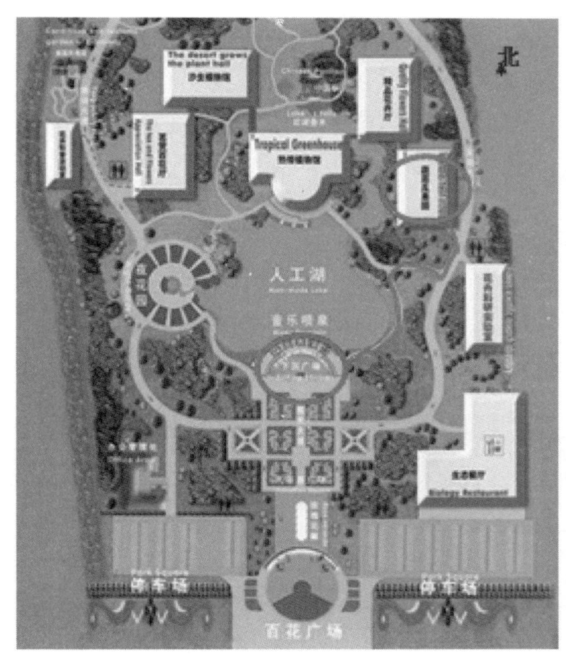

确定路线

到达目的地

【活动反思】 此次活动与春季社会实践活动相结合，设置了寻宝等吸引学生兴趣的环节，让学生在玩中学数学、应用数学，提升其对方向与位置的学习兴趣。让学生懂得数学并非纸上枯燥无味的数学，而和我们的生活息息相关，特别是生活中离不开对方向与位置的辨别。在此次活动中，教师要重点关注学生拿到路线图后是否产生了解决问题的思维，自己可以应用所学，想办法找寻问题的突破口，从而解决问题。教师应同时关注学生的安全问题，必要时加以引导和鼓励。

第三部分：评价细则

一、课内教学

活动一（规定方向）评价：

评价方面	1～2分	3～4分	5分
能够准确地将操场上的标志性建筑物画在纸上	能根据观察，将建筑物标志画在纸上，建筑物相对位置错误，没有按照上北、下南、左西、右东的方向绘制。	能根据观察，将建筑物标志画在纸上，建筑物相对位置正确，没有按照上北、下南、左西、右东的方向绘制。	能根据观察，将建筑物标志画在纸上，建筑物相对位置正确，能够按照上北、下南、左西、右东的方向绘制。
能够分辨同学绘制的建筑物位置是否正确	不能寻找出同学作品的错误，思维较为混乱，无法将实物转化到图上。	能找出同学画的示意图的问题，将主要建筑物相对位置进行修改，不能按照上北、下南、左西、右东的方向修改。	能找出同学画的示意图的问题，将主要建筑物相对位置进行修改，能够按照上北、下南、左西、右东的方向修改。
能够根据规定方向调整自己绘制的平面图	在老师规定方向后，不能分辨自己所画建筑物的方位，不会修改示意图。	在老师规定方向后，能够较为顺利地修改示意图，确定建筑物方位。	能够在老师规定方向后修改自己所画示意图，确定方位。

活动二（制作方向板）评价：

评价方面	1～2分	3～4分	5分
能够正确地	没有思路，特征寻找错误。	基本能找到与玩具小狗装饰相同的小狗图片，有个别遗漏。	能够找全所有与玩具小狗装饰相同的小狗图片。
标出方向标	无法正确寻找八个方向的位置，方向标标识有误，制作简陋。	能够正确寻找八个方向，方向标标识准确无误，设计制作较欠缺。	能够正确寻找八个方向，方向标标识准确无误，制作精美。
能够正确使用方向板	不知该如何使用方向板，无法将每一个方向正确指向标志性建筑物。	知道如何使用方向板，能够将每一个方向对准标志性建筑物，将方向板调转方向后，识别能力有所下降。	知道如何使用方向板，能够将每一个方向对准标志性建筑物，将方向板调转方向后依然明晰建筑物的正确方位。
能够借助方向板正确地描述出学校与其他建筑物之间的位置关系	不会借助方向板描述建筑物之间的关系，语言混乱。	能够用方向板描述不同建筑物之间的关系，需要一些时间来思考，语言较为清晰。	能够借助方向板正确地描述出学校与其他建筑物之间的位置关系，语言清晰简练，思维敏捷。

二、实践活动：

活动一（粘贴校园平面图）评价：

评价方面	1～2分	3～4分	5分
能够把地点正确粘贴到校园平面图上	建筑物的具体方位粘贴不正确，不能够正确分辨东、西、南、北。	建筑物的具体地点粘贴正确，东、西、南、北的标志标注有误。	能够正确地将建筑物粘贴到指定地点，东、西、南、北的标志标注正确。

评价方面	1～2分	3～4分	5分
能够讲清图示之间的位置关系	不能用清晰的语言描述图示之间的位置关系，位置关系描述错误。	能用较为清晰的语言描述图示之间的位置，语言比较有条理。	能够用简练清晰的语言讲清图示之间的位置关系，语言清晰有条理。
能够设计出简单路线图，并对方向及距离作简单描述	路线图设计较为复杂，重复行走的路线较多。对方向和距离没有太强的概念，表述不清。	路线图设计较为简单，重复行走的路线较少，经过思考后，会用较为清晰的语言描述方向与距离。	路线图设计非常简洁，重复行走的路线很少，表达清晰简练，对方向与距离敏感，能够正确描述。

活动二（游花卉大观园）评价：

评价方面		1～2分	3～4分	5分
能够说清辨认方向的办法		无法寻找到有效的方法辨认方向，只能听取他人意见。	能够用一种办法辨认方向，语言较为清晰。	能够用多种办法辨认方向，语言清晰有条理。
能够讲清寻宝的过程	（1）能够找到便捷的路径	无法将实景与平面图建立联系，路线设计较为复杂。	在小组讨论后能够将实景与平面图建立联系，找到较为便捷的路线。	能够将现实中的景物与平面图建立联系，找到最便捷的路径。
	（2）能够用简洁的语言表述清楚	语言表述复杂不严谨，不能按照寻宝顺序改变参照物。	语言表述较为清晰，能够正确运用所学描述。	能够用清晰简练的语言描述寻宝过程。

第四部分：结论与建议

在小学数学课堂教学中，教师在关注学生的知识、技能目标的同时，更应关注学生对数学的思考，让学生学会自觉地运用数学思维方法去观察、分析社会，解决现实问题，真正做到为形成学生的数学素养而教，为学生健康快乐的可持续发展而教。

培养小学生的空间观念是扩大他们想象力的基础，是小学数学中“方向与位置”教学的目标之一。新课标中明确提出要把培养小学生空间观念作为小学数学教学的主要内容之一，这足以说明让学生在小学建立空间观念的必要性，这不仅是教学的重要内容，同时也是学生应该拥有的基本数学素质之一。教师通过教学实践活动，培养学生的方向与位置意识，拓展学生的空间思维能力，培养学生的学习兴趣，让学生树立认真学习的态度。

建议在课内教学中，增加发要教学手段，设计多种形式的活动，促进学生思维层次在各自基础上都有所提升。

建议活动中多给学生提供想象的空间，例如：先想象再实践、先猜测再验证、把自己想象成 ××，想象站在不同地点时，相应物体间的对应位置关系等。在想象与实践的不断调整中使学生在头脑中形成物体不同角度的清晰表象，促进其空间想象能力的提高。

建议引导学生从多角度形容方向与位置，设计实物到图、图到实物的不同层次活动，帮助学生在图和实物的调整中完成一个完整建构。

建议增加实践活动，带领学生走出课堂。设计学生感兴趣的、有思维挑战的活动，促进学生情感的投入，并在活动中关注学生的表达、合作、以个人意志品质的培养，并以综合提升数学素养为最终目标。

图形运动

——三年级培养空间观念的课程与实践研究

第一部分：课程目标

一、教学目标

❶ 结合生活经验和分类活动，初步感受平移和旋转现象，直观体会它们的特点。

❷ 结合在方格纸上平移物品的操作活动，学生能指出物品平移的方向和平移格数，并能结合操作过程简单描述平移的过程，初步感悟平移变换中“方向”和“距离”这两个要素。

❸ 通过亲身体验生活中物体平移和旋转现象，感知平移、旋转运动；能直观判断出平移和旋转运动，能辨认简单图形平移后的图形，积累平移和旋转经验。

❹ 经历观察、分析和判断物体平移、旋转运动的过程，发展学生形象思维能力和逻辑思维能力。

❺ 通过多种活动，加深对图形平移和旋转特征的感知和体验，培养学生的观察力、动手操作能力和空间想象能力。

❻ 通过活动，激发学生学习数学的兴趣，体验成功的快乐，培养学生合作和创新意识,培养团队协作能力。

二、评价目标

❶ 关注学生是否能够直观判断平移或旋转现象。

❷ 关注学生是否能在方格纸上给出起点和终点，能指出物品平移的方向和平移格数，并能结合操作过程简单描述平移的过程。

❸ 关注学生是否能准确判断生活中平移和旋转现象，并叙述判断的理由，观察学生是否积累了平移和旋转的相关经验。

❹ 关注学生在游戏活动中，是否能够想象出图形平移或旋转后的形状，并能够动手实践，进行判断。

❺ 关注学生在用语言叙述图形平移或旋转的过程，是否积累了平移、旋转的经验，并关注其空间想象能力的发展。

❻ 关注学生在小组合作过程中是否能够根据任务分工与同伴交流、分享，共同寻找解决问题的方法、策略。

第二部分：任务活动设计

（一）课内

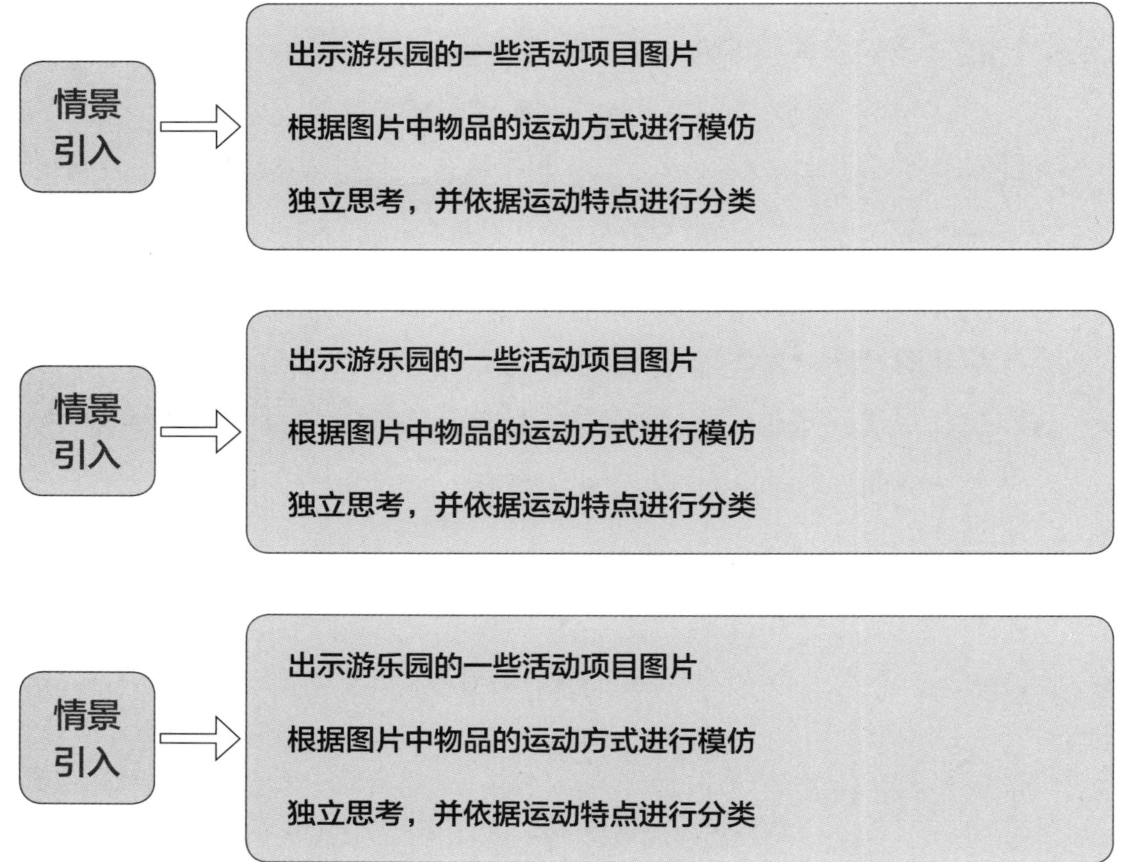

（二）课外

- 平移
  - 寻找生活中的“平移” ⇨
    - 请你走进生活，寻找做平移运动的例子进行拍照或录像
    - 作品展示，并进行判断
    - 用简练的语言描述什么是平移运动
  - 有趣的俄罗斯方块 ⇨
    - 观察俄罗斯方块图，完成指令单
    - 按照指令单进行平移
    - 开展比赛，铺满三层
  - 智慧拼图 ⇨
    - 选择正确的拼图块，补齐缺口
    - 制作拼图
- 旋转
  - 寻找生活中的“旋转” ⇨
    - 请你走进生活，寻找做旋转运动的例子进行拍照或录像
    - 作品展示，并进行判断
    - 用简练的语言描述什么是旋转运动
  - 小鸟入笼 ⇨
    - 观察“小鸟入笼”玩具的准备工作
    - 按要求自制工具
    - 思考“小鸟”在旋转的过程中为什么会进到“笼子”里
  - 运动中的图形 ⇨
    - 任选一个平面图形，想象沿一边旋转后会变成什么样子
    - 亲自实践，观察平面图形旋转的样子

一、对课程任务的解读

（一）《图形运动》课程中的空间观念培养

“空间观念”是义务教育阶段培养学生初步创新精神和实践能力所需要的基本要素。空间观念主要表现为学生主动、自觉或自动化地“模糊”二维和三维空间之间界限的一种本领，是一种可以把握的能力。能够发展学生空间观念的学习内容主要包括：视图与构造，直观与推理，观察与投影。通过对具体情景的探索会发现，从不同的角度观察物体、辨别方位、动手操作、想象、描述和表示、分析和推理等活动都是发展学生空间观念的有效途径。

“图形运动”是《义务教育数学课程标准（2011 年版）》图形与几何领域的内容，是 21 世纪以来我国义务教育数学课程新增加的内容，旨在突出用运动变化的思想去探索和认识几何图形，培养学生初步的空间观念和推理能力。

儿童概念的形成主要分为：感知具体对象阶段、尝试建立表象阶段、抽象本质属性阶段、符号表征阶段、概念运用阶段。根据儿童概念形成的几个阶段来看图形运动中如何培养学生空间观念，同样需要经历“感知——表象——概念”这一认知过程。即通过具体直观的操作、想象、描述、分析和推理等活动发展学生的空间观念。

（二）教材梳理

“平移与旋转”隶属于图形运动的范畴。对于图形运动课标中是这样定位的：

年级	内容	教材	知识要求
二上	玩一玩	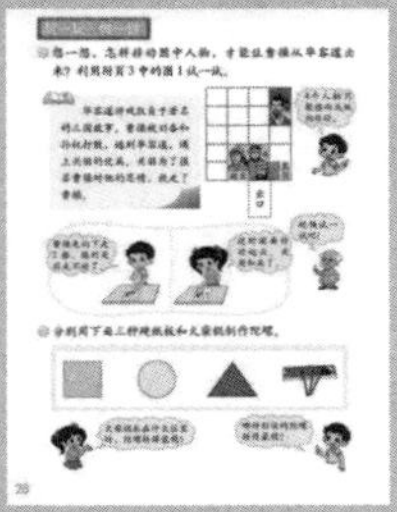	通过华容道和做陀螺的游戏初步感知平移现象。
	做一做	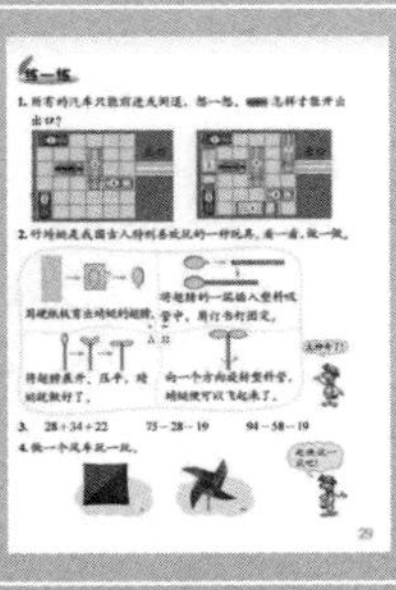	通过自己动手做陀螺的过程理解图形旋转，初步感知旋转现象。
三下	认一认		结合生活经验和分类活动，初步感受平移和旋转现象，直观体会它们的特点。
	做一做	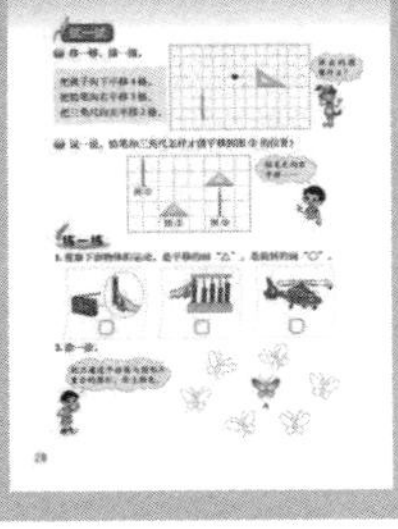	结合在方格纸上平移物品的操作活动，体会平移运动的过程。

第一学段安排了两次，侧重于整体感受平移和旋转，其中二年级上册注重在活动中积累图形运动的经验，三年级下册注重直观认识平移和旋转。可以看出，三年级关于平移与旋转的学习，建立在二年级初步感知平移、旋转

现象的基础上。通过操作活动进一步感知它们的特点：平移就是物体或图形沿某个方向移动了一定的距离，确定平移需要两个要素，即方向和距离；旋转就是物体或图形绕某个点沿某个方向运动，确定旋转需要两个因素，即旋转中心、旋转角（有方向）。在本单元学习中，教师应组织学生通过观察和分类活动，认识和区分生活中物体运动变化的规律，能直观区分平移和旋转两种常见的现象。

第二学段通过观察、操作等活动，在方格纸上认识图形的平移与旋转，能在方格纸上按水平或垂直方向将简单图形平移，会在方格纸上将简单图形旋转 90 度；能从平移、旋转和轴对称的角度欣赏生活中的图案，并能用它们在方格纸上设计简单的图案。

年级	内容	教材	知识要求
五上	练一练		通过观察、操作等活动，在方格纸上进一步认识图形的平移，并体会平移的特点。
	练一练		能在方格纸上按水平或垂直方向将简单图形平移。

年级	内容	教材	知识要求
五上	欣赏与设计		在运用轴对称或平移的方格纸上设计简单图案的过程中进一步体会图形运动的特点，了解通过图形运动进行图案设计的方法。
六下	图形的旋转（一）		结合具体情境，从“绕哪个点”“向什么方向”“旋转多少度”单个要素来观察和描述图形的旋转现象，初步认识旋转中心、顺时针或逆时针两个旋转方向、旋转的角度等旋转的要素。能在方格纸上画出绕某线段的一个端点旋转 90 度后的线段。
	图形的旋转（二）		通过实例观察、操作等，在方格纸上认识图形的旋转，进一步体会图形旋转的基本要素，能在方格纸上画出一个简单图形绕图形上的某个定点旋转 90 度后的图形。
	图形的运动		经历一个简单图形经过平移或旋转等多次运动的过程，体验图形的平移、旋转和轴对称知识的综合运用，借助方格上的观察、操作、分析、想象、尝试有条理地表达图形的运动过程。经历“图画还原”的活动，通过实际操作进一步理解平移和旋转，尝试用一定的方式记录“图画还原”的思考或操作步骤。

年级	内容	教材	知识要求
六下	欣赏与设计		能从平移、旋转和轴对称的角度欣赏生活中的图案，经历运用平移、旋转或轴对称进行图案设计过程，并运用它们在方格纸上设计简单的图案。结合图案设计过程，进一步体会平移、旋转、轴对称在设计图案中的作用，体验图形的运动过程，发展空间观念。

纵观整套教材，在编排设计上注重螺旋式上升，把学习和欣赏设计融为一体，知识与知识之间的联系较为紧密。遵循“准备——学习——应用”的整体设计思路，按照累积活动经验和操作经验：整体初步认识轴对称、平移和旋转——旋转与角——平移与平行——进一步认识轴对称和平移、欣赏与设计——图形的放大和缩小——旋转的进一步认识——综合应用图形的运动——欣赏与设计。如此，把“图形运动”的学习和应用较为均衡地分布在各个年级，既体现了数学知识的完整性，又整体考虑了知识之间的关系，循序渐进，逐步提升。

本单元教材内容在二年级使用，组织学生结合实例，初步感知平移、旋转、轴对称的基础上；通过观察、操作、分类等活动认识轴对称图形、感受平移、旋转现象，并直观体会它们的特点。

本单元共分两部分内容：认识轴对称图形和图形（或物体）的平移与旋转。主要体现以下几个特点：

结合丰富多彩的实例，直观感受轴对称、平移、旋转现象。本单元呈现了学生比较常见的丰富有趣的实例，让学生感知轴对称、平移和旋转现象，感受图形运动、变换在生活中的广泛应用。

结合多种形式的操作，实际体会轴对称、平移和旋转现象。在观察的基础上，特别注重从操作的角度体会三种现象，引导学生在“做中学”，不仅有助于学生体验图形的变换特征、提高动手实践能力，而且有助于发展学生独特的创意和丰富的想象力，更有助于学生理解知识的本质。

结合想象和操作活动，发展学生空间观念。在学生初步认识了轴对称、平移、旋转等基本特征之后，通过一系列活动，引导学生根据给出的图形信息想一想、猜一猜，然后在此基础上通过实际操作活动验证自己想象的结果，逐步提高学生的空间想象能力，发展空间观念。

本单元内容的思路是：

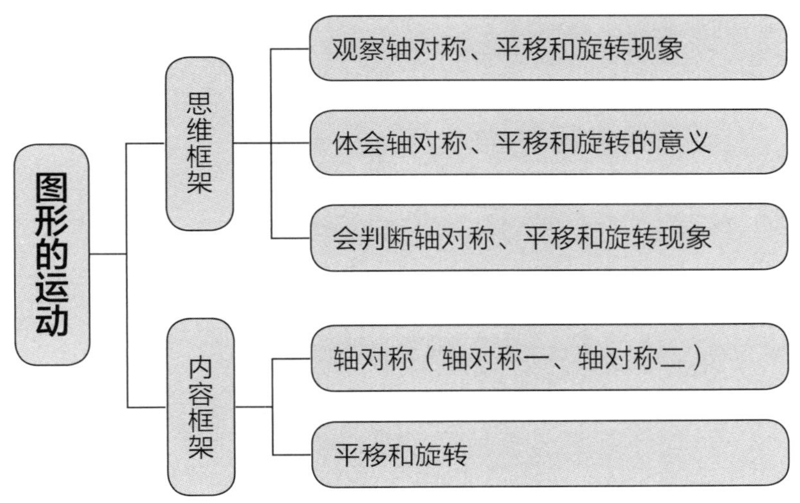

（三）学生调研

1. 关于“平移”的学生调研

【调研题目】 你知道什么是平移运动吗？能举几个生活中的例子吗？

【调研目的】 学生在二年级时通过“华容道”等活动，初步感知“平移”

现象，但是学生对平移的了解究竟有多少，对平移的一些特点又有哪些认识呢？

【调研结果】

<table>
<tr><th colspan="2">结果</th><th>人数</th><th>百分比</th><th>具体情况</th></tr>
<tr><td rowspan="2">知道</td><td>举例子
并能简单描述</td><td>5 人</td><td>12.8%</td><td>答：平移运动就是往左或往右运动，白板可以运动。
答：我觉的平移就是1个物体向一个方向沿一条直线移动，生活中的例子有：拉窗户、拉窗帘还有坐电梯。</td></tr>
<tr><td>举例子</td><td>25 人</td><td>64.1%</td><td>答：开窗是平移运动，在手机上移动是平移运动。
答：我知道什么平移运动，开窗和坐电梯是平移运动。</td></tr>
<tr><td colspan="2">不知道</td><td>9 人</td><td>23%</td><td>答：我不知道什么是平移运动。</td></tr>
</table>

【调研发现】

（1）虽然学生在二年级时通过参与“华容道”等活动，已经初步感知平移现象，但是当时的学习并没有揭示出平移概念，所以学生对于“平移”的概念还是很模糊的，有的孩子甚至都没有听过“平移”这个词。

（2）大多数学生对“平移”还是有很丰富的生活经验的，能举出一些生活中的例子，比如推拉窗、升降电梯、手机盖子的上下滑动、推拉黑板等。这说明学生对于“平移”运动的认识，更多的是借助生活实例，通过观察这些物体的运动方式而对“平移”运动产生直观的认识。那么，我们在实际教学中，应遵循学生的这种认知规律。

（3）有少数学生能用自己的语言，简单描述“平移”运动，比如“向左或向右运动”“沿一条直线运动”等。但是学生们对“平移”运动的认识还是比较片面的，他们更多一认为上下或左右运动就是平移，还是没有关注到“平移”运动的本质特点。低年级的孩子比较容易关注运动现象，而对于运动现象后面的本质把握还有待加强，所以教师在活动中更多地是要引导学生通过观察总结出这类运动现象的共同特点。

【调研题目】 下面物品的运动是平移的画“√”：

【调研目的】

学生对于“平移”更多的是直观感知，那么，学生能否根据自己直观经验判断出哪些物品的运动是平移的？学生能否具备根据运动的特点进行辨别的能力？通过调研可以了解学生对平移的认识是否准确。

【调研结果】

结果		人数	百分比	分析
正确 共 16 人		16 人	41%	选对的学生大部分都知道平移，并能简单描述或用例子说明什么是平移。

结果		人数	百分比	分析
错误 共 23 人	 √	12 人	30.7%	只选推拉窗的学生，对平移的认识比较片面，认为只有左右运动才是平移。
	 √ √ √	5 人	12.8%	这几个学生认为自来水开关是平着运动的，只要是平着运动的就是平移
	 √ √	5 人	12.8%	这几个学生认为平移运动要在平面内做运动，所以就选了推拉窗和转盘。
	 √ √ √	2 人	5.1%	这两个孩子对平移基本没有什么概念，不知如何区分平移和旋转。

【调研发现】

（1）只有 16 人能正确区分平移和旋转。这说明即使是会举例说明什么是平移的学生，对平移的认识也是比较直观和片面的，不能从这类现象中抽象和概括出它的特点，依据特点进行判断。

（2）在课堂中，教师要丰富学生对平移运动方向的认识，学生对左右运动比较容易认同，直上直下的运动方式虽然有些学生想不到，但是也比较好被认同，但是其他方向的运动就不易区分了。课堂上我们应重视，并制做动态图片或 PPT 以演示，帮助学生更加深刻地认识平移。

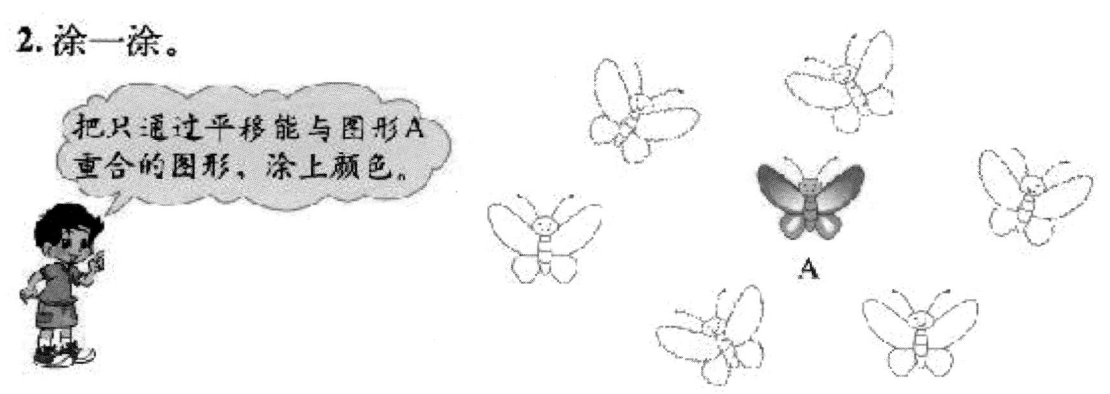

【调研题目】 题目 3：小鱼向__________平移了__________格。

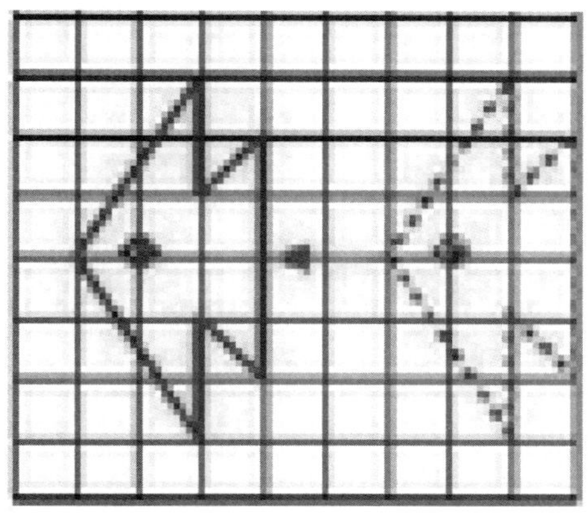

【调研目的】 平移的两个要素，一个是方向，另一个是距离，那么学生能否正确找到平移的距离，学生又是借助什么方法找到平移的距离的呢？

【调研结果】

结果	人数	百分比	典型方法
正确	30 人	76.9%	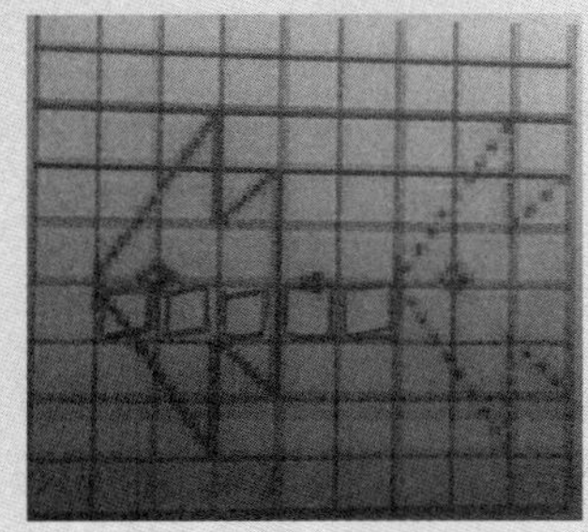
			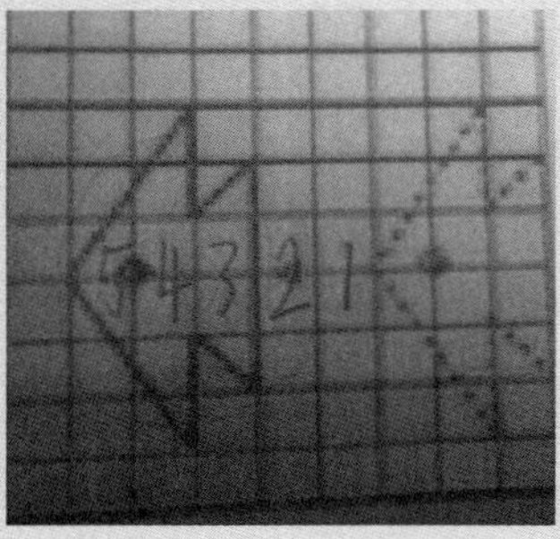
			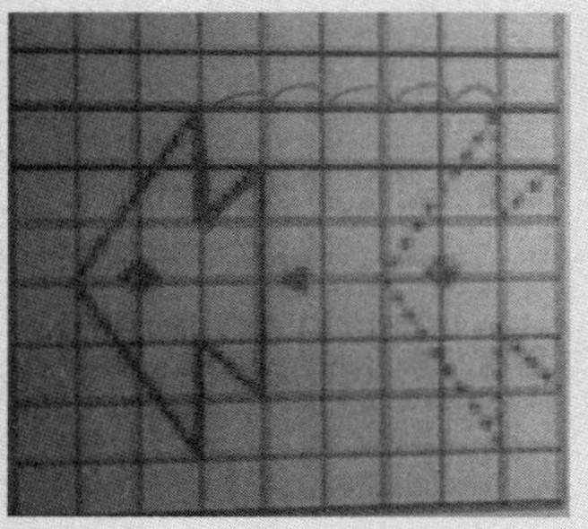
错误	9 人	23%	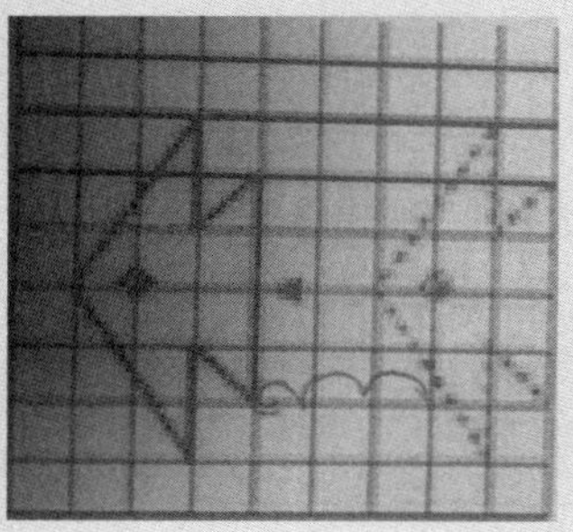

【调研发现】

（1）学生对于平移的距离还是有一定认识的，在数格子的过程中能找到相同的点来数他们之间的距离，而且能默认为其他点的移动距离与这两个点的距离相等。在数的过程中，由于一年级就积累了数格子的经验，所以有一些比较好的计数的方法。

（2）出现错误的孩子主要问题还是没有认识到平移的特点，即平移后每一点与它的对应点距离相等，出错的原因是他找的是两小鱼之间的距离，而不是对应点间的距离。

2. 关于“旋转”的学生调研

【调研题目】 你知道什么是旋转运动吗？能举几个生活中的例子吗？

【调研目的】 学生在二年级时通过“做陀螺”等游戏活动，初步感知“旋转”现象，但是学生对旋转的了解究竟有多少，对旋转的一些特点又有哪些认识呢？

【调研结果】

结果	人数	百分比	具体情况
知道并可以举例说明	22 人	55%	答：我知道，比如说汽车开的时候轮子在转 在我们níng水龙头的时候把在转动。 答：我知道什么是旋转运动，比如，风车被风吹时会进行旋转运动。
不知道	18 人	45%	答：我不知道什么是旋转运动。

【调研发现】

（1）学生对于旋转的认识大多表现在能举出生活中旋转运动的例子，很少有学生能关注到旋转的特点。

（2）有将近一半的孩子没有听过“旋转”现象，头脑中也没有旋转的例子，不能将二年级观察和操作活动的经验迁移过来。

【调研题目】 下面物品的运动是旋转的画“√”：

【调研目的】 增强学生对于“旋转”的直观感知了解学生能否根据自己直观经验判断出哪些物品的运动是旋转，学生是否具备根据运动的特点进行辨别的能力，也就是学生对平移的认识是否准确。

【调研结果】

结果		人数	百分比	分析
正确 32 人		32 人	58%	选对的这些孩子大部分能用举例子的方法来说明什么是旋转。

结果		人数	百分比	分析
错误 23 人		22 人	40%	只选转轮的学认为旋转必须转一圈以上才是旋转，如果只是旋转了半圈，或只是旋转了一部分就认为不是旋转，比如钟摆的运动他们认为就是平移。
		1 人	2%	这个学生不太理解平移和旋转，不知道该如何对判断。

【调研发现】

（1）学生对于旋转的判断主要停留在“转”与“不转”：如果转动了，就是旋转；不转，就不是旋转。对旋转的一些特点基本没有什么认识。

（2）对于旋转的角度认识比较片面，只认可这一物品必须转一圈以上才是旋转，如果只是旋转了半圈，或只是旋转了一部分就是平移，比如钟摆的运动他们认为就不是旋转。

3. 思考：

儿童概念的形成主要分为：感知具体对象阶段、尝试建立表象阶段、抽象本质属性阶段、符号表征阶段、观念运用阶段。那么，二年级学生第一次学习平移与旋转时，主要处于感知具体对象阶段，此时“教”与“学”应结合丰富的生活素材进行充分的观察、操作和体验，丰富学生的感知认。通过调研也发现，大部分学生对平移和旋转的认识还是处于这一阶段，很多学生都能举出大量正确的生活实例，但是让学生具体区分时，就会出现问题，而且更多的是关注现象，而不能聚焦在本质上，对概念的认识比较片面和感性。

到了三年级，学生即将经历第二次对平移和旋转的学习。本次学习，学生将尝试建立表象阶段与抽象本质属性阶段，此部分将首次出现图形运动的概念。我们课上的教学重点应放在以下两点：一是在大量感知的基础上，对平移和旋转建立一个初步的、整体的认识；二是进一步通过操作、比较、分析等思维活动抽取概念的本质特征，以加深理解图形运动的特点，为后续五、六年级的学习奠定基础。

二、活动内容

（一）课内核心课《平移和旋转》

【教学目标】

1、结合生活经验和分类活动，初步感受平移和旋转现象，直观体会它们的特点。

2、结合在方格纸上平移物品的操作活动，体会平移运动的过程。

3、通过教学活动，培养学生初步的数学意识，会用数学的眼光和方法观察分析，提升学生的空间想象力，培养学生的空间观念。

【教学重点】

1、结合生活经验和分类活动，初步感受平移和旋转现象，直观体会它们的特点。

2、结合在方格纸上平移物品的操作活动，体会平移运动的过程。

【教学难点】

初步感受平移和旋转现象，直观体会它们的特点。

【教学资源】 教材、课件

【教学实施】

一、情景引入，激发兴趣

1、导入新课

（1）激趣谈话：老师今天带来一些游乐园的图片，我们一起来看一看。

（2）播放课件，演示：缆车、滑梯、小火车、旋转木马、秋千、螺旋桨、钟摆等图片。

（3）观察图片上物体运动的方式，学生模仿表演。

【设计意图】 通过游乐场的画面激发学生的学习兴趣，调动学生学习的积极性，使学生自然进入学习状态。

二、讨论分类，辨认不同

1、组织讨论

师：它们的运动相同吗？你能根据它们的运动方式把它们分类吗？先同桌交流。

2、汇报讨论结果

师：你是怎么分的？你为什么要这样分？请学生回答。

3. 揭示主题

师：像缆车、滑梯、小火车，我们把这样的运动方式称为平移。（板书：平移）

师：而像旋转木马、秋千、螺旋桨、钟摆我们就称为旋转。（板书：旋转）

4. 做一做：要求学生做一个平移和旋转的动作

也可以由教师发出口令学生做（如：向上平移、向左平移等）

今天我们就一起来研究“平移和旋转”。

【设计意图】通过讨论交流，使学生初步感知平移和旋转的特点和区别，让学生经历知识的形成过程。

三、观察比较，初步体会

1、学生动手操作

教师提要求：尝试做一个表示平移的动作。

（1）认真体会，你能说一说平移运动有什么特点吗？

（2）学生尝试总结：平移运动是沿直线运动的，运动前后的物品大小不发生变化。

（3）师：生活中平移运动的例子还有很多，请你也举几个平移运动的例子。

教师提要求：尝试做一个旋转的动作。

（1）认真体会，你能说一说旋转运动有什么特点吗？

（2）学生尝试总结：旋转运动是绕着一个固定点或轴转动着。

运动前后物品大小不发生变化。

2. 认一认

师：课件依次出示各种物体的运动，请你来判断，哪些物品的运动是平移？哪些物品的运动是旋转。

【设计意图】平移和旋转运动的判断是本节课的重点，是后面学习的基础。因此，教学时通过展示物体运动画面，激发学生学习兴趣，让学生积极参与和思考。

四、观察图形，深化认识。

（一）判断平移的方向和距离。

1、故事引入

师：同学们，我们的朋友小白兔搬家了，我们一起来看看它把家搬到哪儿了？ 课件出示小房图。

2、判断方向

（1）教师提问：小白兔的家是向什么方向平移的？你是怎么知道的？先小组讨论。

（2）汇报环节：教师请学生回答。

（3）小结：箭头是用来指明图形平移的方向。

3、判断距离。

（1）教师提出疑问：小房子平移了几格？请学生回答，并请大家讨论。

（2）合作交流。

（3）汇报：各小组汇报讨论结。

（4）小结：看一个图形平移了多少格，只要在图上任意找一组对应点或对应线段，数一数它平移了几格。整个图形无论平移了几格，平移后的图形形状不变。

【设计意图】判断平移的方向和距离是本节课的一个重点和难点，在教学中结合平移运动的特点，设计小白兔搬家的方案。

五、课堂练习

1. 出示练习

移一移，描一描。

把棋子向下平移 4 格。
把铅笔向右平移 3 格。
把三角尺向左平移 2 格。

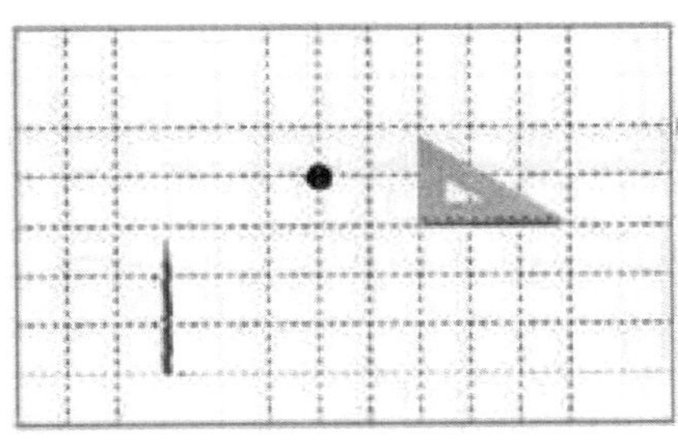

（二）拓展实践活动课

1. 感受和学习平移运动

我们在课堂中已经初步知道了生活中哪些现象是平移运动，下面我们就来亲自实践一下。

（一）寻找生活中的“平移”

【知识基础】 再次体会平移运动，知道什么样的运动是平移。

【活动要求】

1. 找一找生活中做平移运动的例子：请你走进生活，将你找到的做平移运动的例子进行拍照或录像。例如：

电梯

缆车

火车

2. 班内展示作品，同学们进行观察、分析和判断，看看这个例子是不是平移运动。

3. 再次讨论，用简练的语言描述一下什么是平移运动。

4. 对于这次活动你表现得怎么样？给自己一个评价。

【活动评价】

活动项目	评价方面	5分	4分	3分	2分	1分
寻找生活中的“平移”	作品准确					
	能简单描述平移运动					

【活动反馈】

1. 学生能走进生活，体会到生活中存在大量的平移运动。

2. 在观察和判断中渐渐理解平移运动。

（二）有趣的俄罗斯方块

【知识基础】 通过学习生活中平移的实例，感受和理解了平移运动。

【活动要求】

1. 请你与同桌为一组，先观察，再思考要铺满最下面一层，要怎样平移？

每人选一幅图，进行思考：

要铺满最下面一层，说一说 和 分别需要进行怎样的平移？

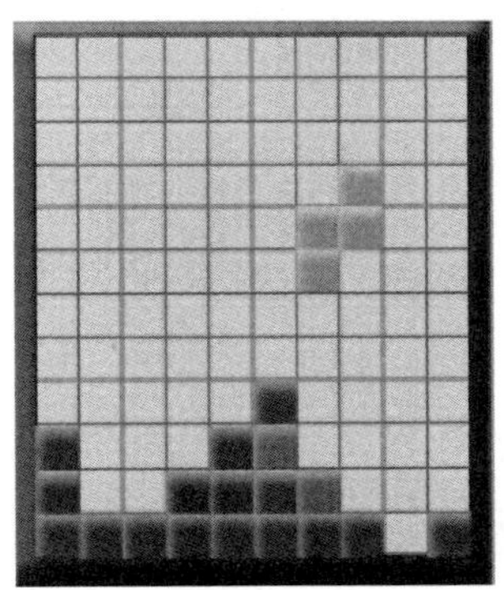

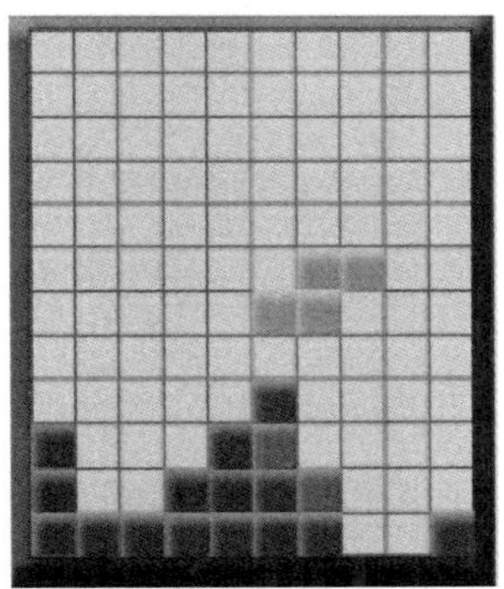

2. 将你们平移的过程简单的进行记录，每人完成一张“指令单”

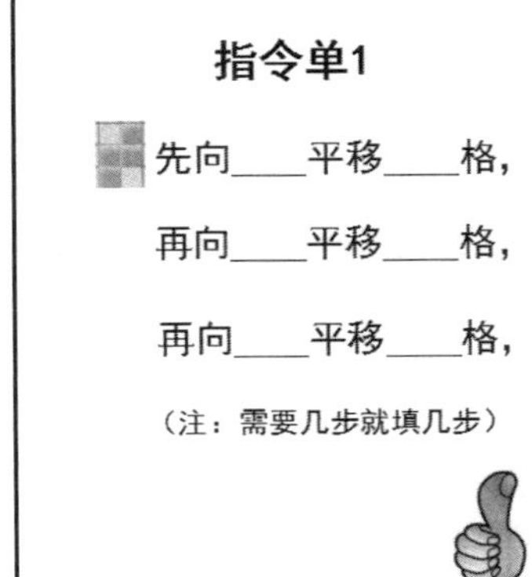

指令单1

先向____平移____格，

再向____平移____格，

再向____平移____格，

（注：需要几步就填几步）

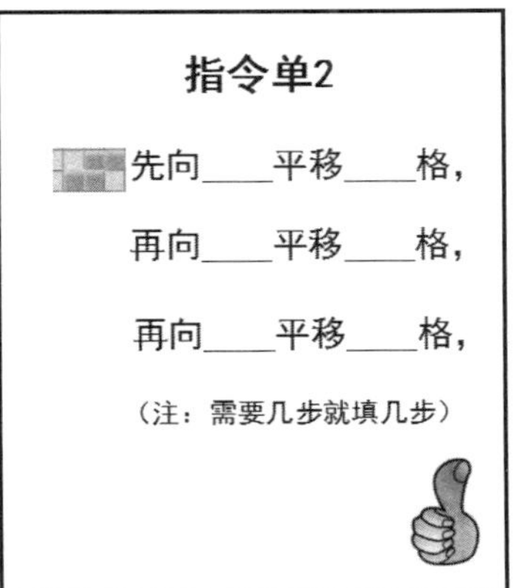

指令单2

先向____平移____格，

再向____平移____格，

再向____平移____格，

（注：需要几步就填几步）

3. 同桌两人交换指令单，尝试按照对方的指令进行移动，看能否成功铺满最下面的一层。

4. 拓展活动：两个同学为一组开始比赛，先领取自制的俄罗斯方块图，然后一个同学发出平移的指令，另一个同学按照指令进行平移，比一比看看哪个小组能用最短的时间铺满三行。

5. 在这次活动中，你们表现得怎么样？请为你的同桌进行一次评价。

活动项目	评价方面	5分	4分	3分	2分	1分
有趣的俄罗斯方块	介绍步骤时语言清晰					
	指令单的指令正确					
	能按照指令单上的步骤进行平移					

（三）智慧拼图

【知识基础】 学生对平移运动已经有一定的了解，而且能在方格图中进行准确的平移。

【活动要求】

1. 你能选择正确的拼图补齐缺口吗？请你来试一试：

（1）

A.  B.  C.  D. 

（2）

A.  B. C. D.

（3）

A. 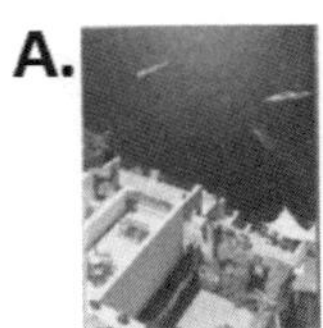 B. 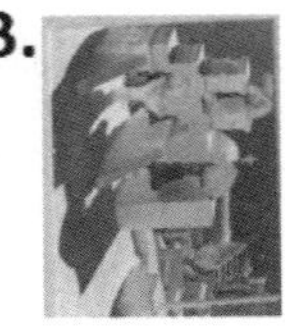 C. 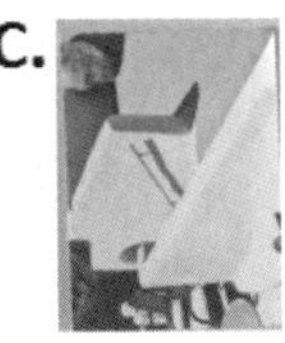 D. 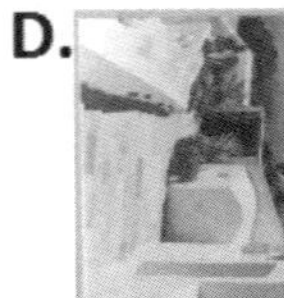

2. 你能将拼图正确地拼到方格里吗？

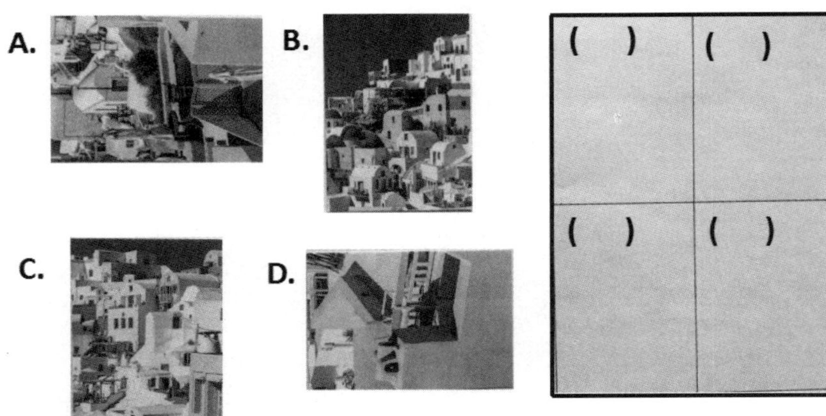

3. 制作一款属于你的智慧拼图，玩一玩。

4. 对于这次活动你表现得怎么样？给自己一个评价吧。

活动项目	评价方面	5分	4分	3分	2分	1分
智慧拼图	能挑选出正确的拼图					
	能与同伴合作完成一幅新的拼图					

活动反馈：充分利用平移运动去思考，培养学生的空间想象能力。

2. 感受和学习旋转运动

（一）寻找生活中的“旋转”

【知识基础】 再次体会旋转运动，知道什么样的运动是旋转。

【活动要求】 找一找生活中做旋转运动的例子。

1. 我们生活中还有许多旋转运动的例子：请你走进生活，将你找到的做旋转运动的例子进行拍照或录像。例如：

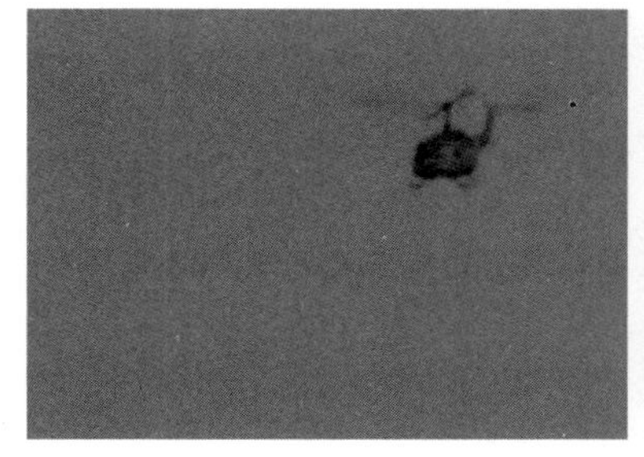

螺旋将

缆车

钟摆

2. 班内展示作品，同学们进行观察、分析和判断，看看这个例子是不是旋转运动。

3. 再次讨论，用你的话说一说什么是旋转运动。

4. 对于这次活动你表现得怎么样？给自己一个评价吧。

活动项目	评价方面	5 分	4 分	3 分	2 分	1 分
寻找生活中的“旋转”	作品准确					
	能简单描述平移运动					

（二）小鸟入笼

依据下面的方法步骤，制作一个“小鸟入笼”的玩具，玩一玩，体会这个玩具在做什么运动，小鸟为什么会进笼子里。

【活动准备】 两张图片，一根绳子。

【小鸟入笼操作步骤】

（1）准备两张图片和一根绳子。

（2）将两张图背面粘贴在一起。（中间区域不抹胶水，将绳子从中穿入）

（3）用手抓住绳套两端，旋转数圈后向外拉伸，使画面快速旋转小鸟就进到笼子里了。

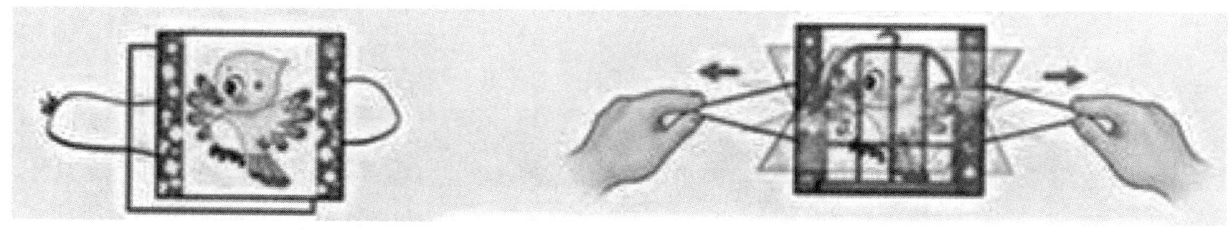

（4）思考并讨论：这个玩具在做什么运动？小鸟为什么会在转动的过程中飞到笼里了？

（5）再设计一个其他内容的玩具。

（6）对于这次活动你表现得怎么样？给自己一个评价吧。

活动项目	评价方面	5分	4分	3分	2分	1分
小鸟入笼	制作认真					
	能独立完成作品					
	在活动中有新的收获					

【活动反馈】

1. 学生们在玩的过程中，体会到了旋转带给我们的乐趣。

2. 你觉得在生活中旋转还有哪些应用?

（三）运动中的图形

1. 准备一个可以旋转的机器：

任意选一个我们认识过的平面图形：

长方形、正方形、直角三角形。

2. 想象一下，如果固定一边开始旋转，会形成下列哪个物体，动手连一连：

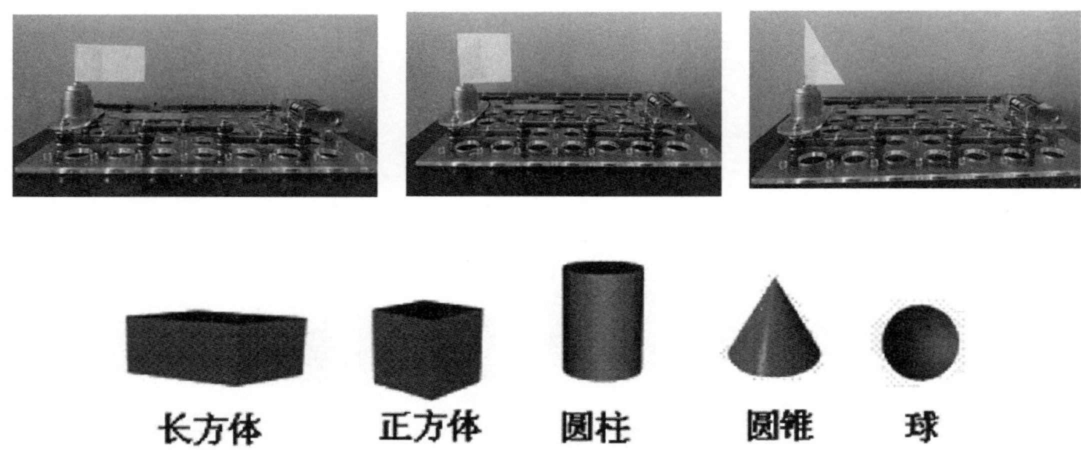

3. 亲自动手实践一下，观察平面图形旋转后的样子，看看你连的对不对。

4. 对于这次活动你表现得怎么样？给自己一个评价吧。

活动项目	评价方面	5分	4分	3分	2分	1分
运动中的图形	积极参与活动					
	能进行简单的推理和想象					

第三部分：结论与建议

平移与旋转的学习是小学数学教学中非常重要的一部分内容，他为后续学生研究几何图形积累经验，也是学生从静态的空间知觉进入动态空间知觉的开始。学生的学习不是一蹴而就的，学生在小学阶段学习平移与旋转内容要经过四个阶段，每一个阶段都有每一个阶段特有的任务，只有把握本阶段的教学重点，让学生对知识的把握落到实处，才能为后续的学习奠定好基础。

到了三年级，学生即将经历第二次对平移和旋转的学习，本次学习，学生将尝试建立表象阶段与抽象本质属性阶段，可以说大量的生活实践素材的积累有助于学生正确建立表象。此部分将首次出现图形运动的概念，我们课上的任务重点应放在以下两点：一是在大量感知的基础上，对平移和旋转建立一个初步的、整体的认识；二是进一步通过操作、比较、分析等活动抽取概念的本质特征，以加深理解图形运动的特点。

建议教师帮助学生通过活动多收集一些有关平移和旋转的生活实例，作为建立正确表象的素材积累。只有素材积累到一定程度，学生才能从观察和比较中发现平移和旋转运动的特点，为后续抽象概括打好基础。

建议教师组织学生经历大量活动，辅助其认识平移和旋转，因为平移和旋转是物体运动的一种表现形式，是学生从静态的空间知觉进入动态空间知觉的开始，在这个过程中，学生的空间想象力会得到很大的提升。但这也有赖于大量的动态活动设计，否则只能是纸上谈兵。

建议教师在活动中让学生充分动手实践，并在动手操作的基础上及时总结发现，尤其是一些对图形特点的认识，帮助孩子积累有关图形特征的经验。及时总结和概括是对学生分析能力和概括能力的一次挑战，学生只有在不断的总结提升中才能固化对图形特点的认识，为后续的学习积累相关经验。

图形“变形”记

——四年级培养空间观念的课程与实践研究

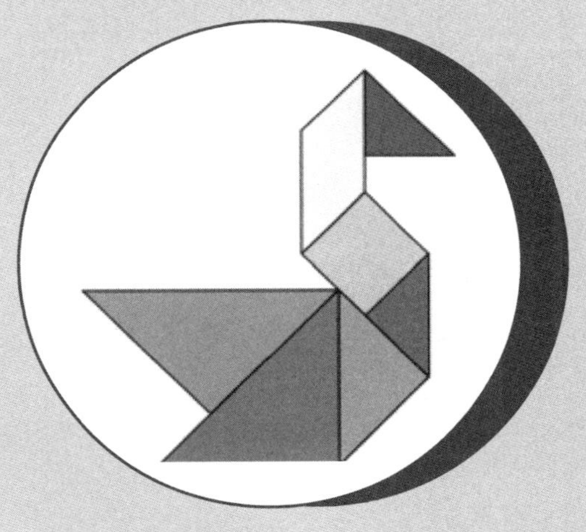

第一部分：课程目标

一、教学目标

❶ 经历直观操作的过程，利用正方形内角和推导出不同三角形内角和都是 180°。

❷ 掌握三角形、平行四边形和梯形的特征以及它们之间的联系，发现七巧板各图形之间的关系，发展空间观念。

❸ 了解七巧板的国内外发展历史和种类，提升学生对拼摆类益智玩具的浓厚兴趣。

❹ 学生能根据分割经验，把正方形分割成不同图形，探究各图形之间的关系。

❺ 对生活实物的特征进行分析，能运用分割图形进行组合，发展学生的创造能力。

❻ 通过对图形的分割与组合，实现双向转化，增加对图形的再研究及成就感的培养，发展学生的空间观念和推理能力。

二、评价目标

❶ 关注学生是否能用多种操作方法推导出三种三角形内角和都是180°，以及发现正方形内角和与三角形内角和之间的关系。

❷ 以七巧板为学习资源，关注学生能否从分数角度、度数角度发现七巧板中各个图形之间的关系。

❸ 关注学生对正方形的自由分割，并能描述清楚分割的方法和步骤，促进其推理能力和表达能力的提高。

❹ 关注学生从实物到图和从图到实物的想象与创作过程，积累相互转化的经验和兴趣，发展学生的空间想象能力和创作能力。

❺ 关注学生遇到问题时寻求解决问题的策略和方法，提高解决问题的能力。

第二部分：任务活动设计

（一）课内

三角形内角和

大胆猜测：多边形的内角和是多少度

探究验证：三种三角形的内角和各是多少度

量一量 → 撕一撕 → 折一折 → 理论推导

再次验证：多边形的内角和各是多少度

（二）实践活动

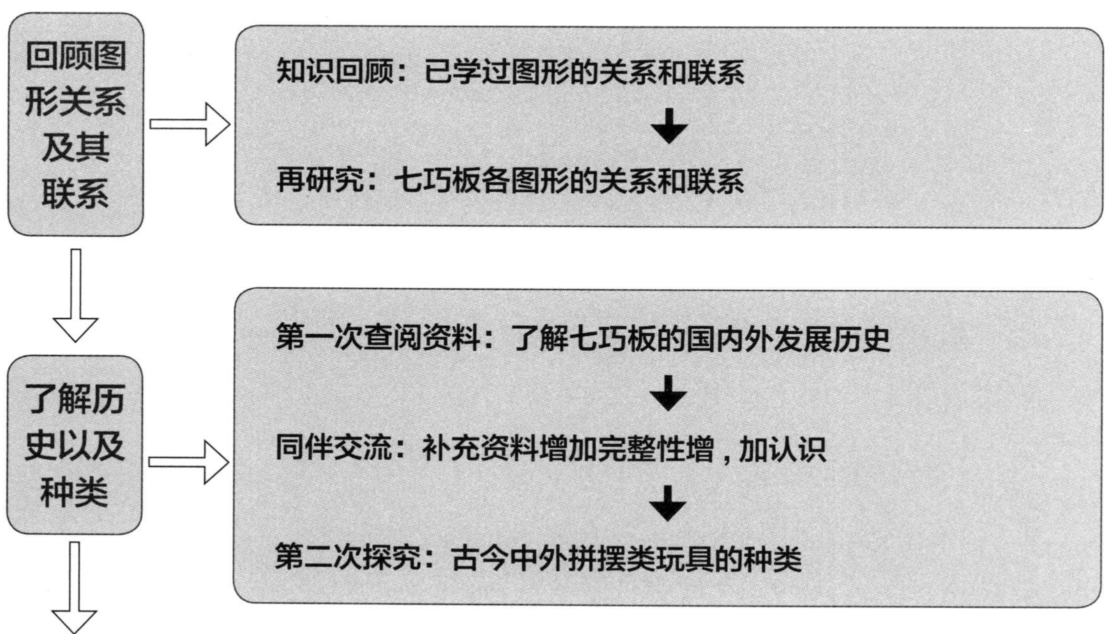

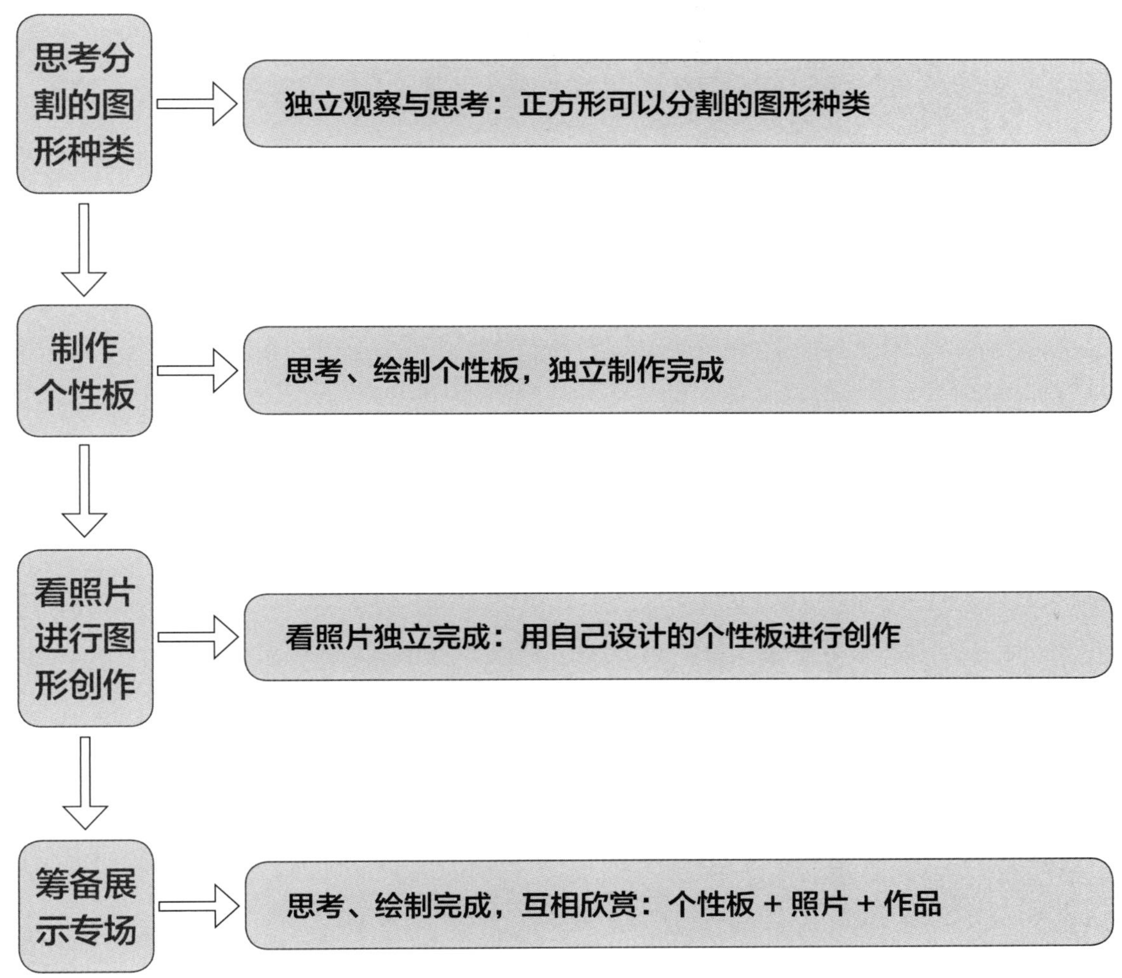

一、对课程任务的解读

（一）空间观念的意义

学生生活的世界和接触的事物离不开空间，他们需要从形状上认识周围的事物，从而了解、探索和把握空间，更好地理解人类赖以生存的空间。

空间观念是让学生更好地生存和发展的基础。没有空间观念，几乎谈不上任何发明创造. 因为许许多多的发明创造都是以实物的形态呈现的。一名设计者要先从自己的想象出发画出设计图，然后根据设计图做出实物模型，再根据模型修改设计，直至最终完善成型. 这是一个充满丰富想象和创造的探求过程，也是人的思维不断在二维和三维空间之间转换，利用直观进行思考的过程。空间观念在这个过程中起着至关重要的作用。因此，明确空间观念的意义，认识空间观念的特点，发展学生的空间观念，对培养学生具有初步的创新精神和实践能力是十分重要的。

《义务教育数学课程标准（2011 年版）》对空间观念进行了描述，提出空间观念主要表现在以下六个方面：能由实物的形状想象出几何图形，由几何图形想象出实物的形状，进行几何体与其三视图、展开图之间的转化；能根据条件做出立体模型或画出图形；能从较复杂的图形中分解出基本图形；能描述实物或几何图形的运动和变化；能采用适当的方式描述物体间的位置关系；能运用图形形象地描述问题，利用直观来进行思考。《义务教育数学课程标准（2011 年版）》把“空间观念”作为义务教育阶段培养学生初步的创新精神和实践能力的一个重要学习内容。

空间观念概括而言，有如下这样几个核心词：

第一，转化。既包括二维图形和三维图形的转化，也包括现实生活与抽象图形之间的转化过程。面对一个几何体或实物时，能想象出它所对应的平面图形（如三视图和展开图），反过来，当看到某个三视图、展开图时能想象出它所对应的几何体或实物的形状。

第二，表达。既包括制作模型，也包括画出图形。

第三，分析。从复杂图形中分解基本图形，在分析的过程中体会图形的特征。

第四，想象。既包括描述和想象物体或图形的运动变化，也包括描述或想象物体或图形的位置及位置关系。

第五，几何直观。借助几何直观可以把复杂的数学问题变得简明、形象，有助于探索解决问题的思路，预测结果。

（二）教材梳理

对图形及其性质的认识无疑是空间与图形领域中的重要内容。学生在现实世界积累有关图形经验的基础上，认识常见的立体图形和平面图形；在丰富的现实背景中，通过观察、操作、比较、概括、推理等活动探索常见图形的性质，并运用它们解决实际问题；在立体图形和平面图形转化等活动中，建立空间观念；欣赏丰富多彩的图形世界，体会图形在现实世界中的广泛存在。

从小学一年级到六年级，学生要学习不少常见立体图形和平面图形。

已学过	本单元	后续
第一学段 ●初步认识长方体、正方体、圆柱和球 ●初步认识长方形、正方形、三角形、圆，知道平行四边形的名称 ●认识角、直角、锐角与钝角 ●能用自己的语言描述长方形、正方形的特征 ●直观认识平行四边形 **四年级上册** ●认识线段、射线与直线 ●认识平行线与垂线 ●认识平角与周角	●图形分类 ●认识直角三角形、锐角三角形、钝角三角形、等腰三角形、等边三角形 ●探索三角形内角和 ●探索三角形三边之间的关系 ●认识梯形，进一步认识平行四边形	**五年级上册** ●平行四边形、三角形与梯形的面积 **五年级下册** ●认识长方体（含正方体） ●长方体（含正方体）表面积和体积 **六年级上册** ●认识圆及其特征 ●圆的周长和面积 **六年级下册** ●认识圆柱与圆锥 ●圆柱的表面积和体积 ●圆锥的体积

（1）内容主线

1. 从立体到平面再到立体

如从长方体到长方形，到构成长方形的要素（角、线），再到长方体，这也体现了学生认识的“从整体到局部再到整体”的学习路线。

2. 从生活中的实物抽象出图形再应用于生活

从生活中的实物抽象出几何图形，在学了图形及其特征后，学生对图形有了新的认识和分析能力，再应用于实际生活中的过程。

3. 从直观辨认图形到操作探索图形的特征

荷兰范·希尔夫妇设计的几何思维水平可以分为以下五个水平：直观化；描述 / 分析；抽象 / 关联；形式推理；严密性 / 元数学。可以看出，按照范·希尔夫妇的理论，学生通过思维水平的进步，可以从直观化水平不断地提高到描述、分析、抽象和演绎等复杂水平。与中学的学习不同。小学阶段对于平面图形的学习，主要在第一、第二水平，学生主要对特征有直观认识和操作确认，对其证明过程有直观积淀。

4. 从直边图形到曲边图形

小学阶段主要以学习直边图形为主，学生到了五、六年级才开始研究曲边图形（如圆形），对图形的认识也会有“化曲为直”的数学思想。

5. 从静态到动态

（2）单元内容

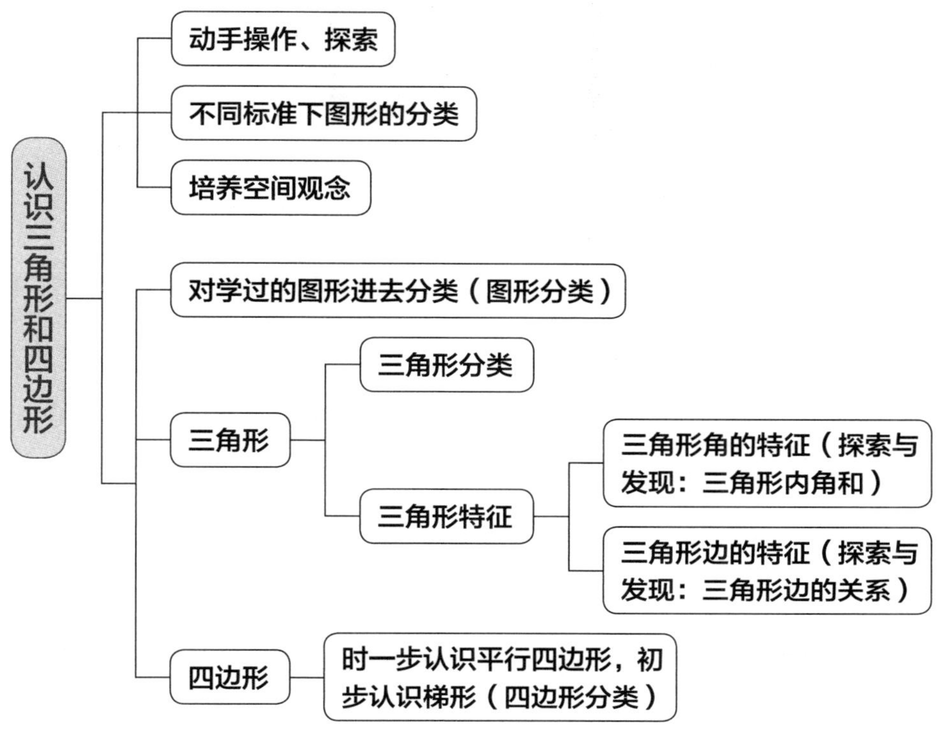

（3）本单元特点

认识图形是发展学生空间观念的途径，本单元基本特点主要体现在：

1. 突出分类在认识图形中的作用，建立图形间的联系。

分类的方法在数学概念学习中有着重要的作用，本单元涉及三角形、四边形等多种图形的认识，为学生能有条理地去认识这些图形，教科书用分类的方法把这些图形联系起来并使之系统化，以利于学生更好地认识图形的性质。

本单元安排了三次分类活动。第一次是“图形分类”，通过学生对已学过的立体图形与平面图形层层分类，认识到分类方法在认识图形中的作用。第二次是“三角形分类”，通过按不同的标准进行分类得到不同的分类结果，使学生理解不同的分类方法，以利于从不同的角度来认识三角形。第三次是“四边形分类”，通过按照边的平行关系对四边形进行分类，认识平行四边形和梯形。通过这三次分类活动，使学生认识，到根据认识图形的需要对图形可以有不同的分类标准。图形分类是认识特征的重要方法，同时也是了解图形间关系的重要手段。

2. 强调直观操作探索图形的性质，积累认识图形的活动经验。

直观操作是小学生认识图形性质的基本方法，通过操作活动感知图形的特征，同时也在操作活动中获得体验和经验。这些探索活动，有利于学生深入认识图形性质，也为学生探索图形性质积累了经验。

3. 突出图形知识内部之间的联系，有层次地展现对图形知识的学习。

本单元涉及的图形较多，包含认识各种图形、图形分类、图形性质的探索等。在认识各图形时首先通过分类活动，使学生对三角形、四边形等图形有一个初步的理解。然后再通过探索活动，发现三角形三边之间的关系和三角形内角和，深入理解图形的性质。这样有层次地展示图形知识，有利于学生感受图形内部之间的联系，帮助学生学习的系统化。

（三）学生调研

【调研题目】 一个正方形可以分割成哪些图形？你知道这个正方形的内角和是多少度吗？请写出你的想法。

【调研目的】

1. 考查学生对一个图形分解是否存在困难？

2. 学生对分割后图形的内角和的理解程度。内角和的理解困难在哪里？

前测人数（共 80 人）	正确分割出已学图形	正确写出分割后正方形内角和
人数	62	24
百分比	77.5%	30%

从这次前测的结果来看，一大半的学生能够分割出已学图形，这些学生都是借助折纸的经验从中心点开始分割，也有学生从某一角出发进行分割。分割的图形之间都是不重不漏，布局比较合理。访谈没有分割成功的学生，主要有以下几方面的原因：

1. 不知道从哪里开始分起，没有分割方法。

2. 分割的过程中发现有分剩下的部分，不知道该怎么继续分到分完为止。

3. 联想到了七巧板，但不知道七巧板的七块都是什么了。

再分析前测的第二个问题，仅有 30% 的学生知道分割后正方形的内角和还是 360°。访谈剩余 70% 的学生，他们的问题集中在不知道内角是哪里？很多同学更是受到分割活动的影响，对太多块的图形内角和无从下手，自乱阵脚。

综合前测结果，我们不难看出：

（1）大多数学生是以形象思维为主，他们的认知水平还处于直观认知逐步向抽象认知过渡的阶段，空间观念也处于较低水平。少部分学生能通过分割和组合，在头脑中形成表象。

（2）大多数学生不能清晰地表达自己的思考过程，语言表达能力欠佳。

（3）对内角和的概念知其然不知其所以然，概念本质理解不到位。

（四）思考

1. 没有经过分割和组合的专门学习，不能关注到本质，学生还处于生活经验的直接运用阶段，因此课堂上还需要安排操作机会，帮助学生由生活经验转变成数学活动经验的积累，进而理解概念的本质。

2. 学生在前三年的学习中，接触到的操作活动都是组合为主，例如拼一拼、搭一搭等，对图形的分割没有实践经验。但分割与组合原本就是一个完整的过程，学生的经验应该从完整操作中总结和、积累。因此可以适时增加拓展活动，提高学生的空间观念。

二、活动内容

在认识图形内容中，通过分类等方式建立图形间的联系，并通过直观操作探索图形的性质。依据图形的分割教师应帮助学生积累活动经验，掌握图形性质，理解图形知识内部之间的联系。

（一）课内核心课《三角形内角和》

【教学目标】

1. 通过直观操作的方法，探索并发现三角形内角和等于 180°，在实验活动中体验探索的过程和方法。

2. 能运用三角形内角和的性质解决一些简单的问题。

【教学重点】

1. 探索和发现三角形三个内角和等于 180°。

2. 已知三角形的两个角的度数，会求出第三个角的度数。

【教学难点】

利用正方形内角和推导出直角三角形的内角和是 180° 然后继续推出钝角三角形和锐角三角形内角和都是 180°。

【教具】 多媒体课件

【学具】 正方形，钝角三角形，锐角三角形，直角三角形

【教学程序】

一、引入

1. 猜图形

今天，老师带来一个平面图形，猜猜看，它是什么图形？（出示一幅图形）

2. 介绍正方形内角，引入课题

（1）看看正方形有什么特点？（正方形4条边相等，4个角是直角）

（2）介绍内角：像这种相邻两边的夹角称为内角。4个直角就是正方形的内角。

（3）正方形的内角和是多少度？（正方形有4个内角，每个内角都是90°，正方形的内角和是360°）

【设计意图】由正方形内角和是360°引入，体现知识形成的过程，同时也为学生能够推导出直角三角形内角和是180°作出铺垫。

3. 猜多边形的内角和

这几个图形的内角和是多少呢？你能大胆地猜猜吗？

我们需要验证一下。那就从内角最少的三角形开始。验证三角形的内角和，你有什么想法吗？（手里的三角形有三种类型）

说验证的方法。

三种类型的三角形都要验证，才可以说明所有的三角形内角和是180°。

【设计意图】磨刀不误砍柴工，理清思路，在学生头脑中建立归纳的数学思想方法。

下面进行小组研究，着先来看合作要求。

合作要求：

（1）小组可以选用量一量，撕一撕，折一折等方法验证。

（2）小组 4 人分工合作，分别验证三种类型的三角形。

（3）小组推选出验证的最佳方法，准备汇报。

二、探究验证

1. 说方法

提问：谁来说说，你们组用什么方法验证的是哪种三角形？

2. 小组交流—各种类型的三角形

小组汇报。

（1）量一量

有谁用这种方法了？你们测量的是哪种三角形？内角和是多少度？（钝角三角形、直角三角形、锐角三角形）

为什么有的正好是 180°，有的就 182°，178° 呢？难道三角形的内角和各不相同？其实是因为度量的时候由于测量的误差以及我们视力的限制，经常会出现一些小误差。还有不同的方法吗？

（2）撕一撕

他是怎么做的？谁来说？（学生演示撕角，把三个内角撕下来拼成一个平角 180°）原来是利用平角是 180° 的知识，利用学过的知识解决新的问题，这个想法挺好。

是不是只有钝角三角形才能用撕的方法呢？

（3）折一折

他又是怎么做的？三个角不用撕下来，也能拼成一个平角。（学生演示折角，把三个内角折在一起，拼成一个平角 180°）

还有谁也用这种方法啦？他验证的是什么三角形？（钝角三角形）

直角三角形能用这种方法吗？我也动手折了一下，你们看！【多媒体

演示】

还有不同的方法吗？

为什么一个三角形的内角和是正方形的一半儿？【多媒体演示】

（4）理论推导：正方形——直角三角形【多媒体演示】

把正方形化成两个一模一样的直角三角形再去求解，把问题转化成学过的知识，这个想法不错！

（沿正方形的对角线对折，出现两个完全一样的直角三角形，两个直角三角形内角和是正方形的内角和，所以一个直角三角形内角和就是360°÷2=180°）

刚才你们用这么多方法验证三角形内角和是180°，这其中有什么道理呢？你能从已知图形的内角和找到答案吗？

我们知道什么图形的内角和？把正方形变成2个三角形，你能发现什么？

为什么一个三角形的内角和是正方形的一半儿？

你们能不能利用直角三角形推一推锐角三角形和钝角三角形呢？

【设计意图】利用原有的知识解决新的问题，体现了数学的思想方法。

（5）理论推导：直角三角形——锐角三角形

小组交流，指名汇报。

他是把锐角三角形转化什么三角形了？（把锐角三角形分成两个直角三角形）

那两个三角形内角和应该是360°，怎么会是180°？

180°+180°−90°−90° =180° 钝角三角形能用这个方法吗？为什么要减去两个90° 呢？为什么要减去180°？（因为那两个直角不是锐角三角形的内角）

（6）理论推导：钝角三角形

（把钝角三角形分成两个直角三角形）【多媒体演示】

先是利用正方形推出直角三角形，然后又用直角三角形内角和推出锐角三角形和钝角三角形内角和。在不知不觉中，你们已经学会了转化的数学思维。

【设计意图】让学生再次深入思考、推导，增强学生转化的数学意识，发展学生的思维能力。

（7）小结：我们用了这么多的方法验证三角形内角和，你能得出什么结论？

（所有三角形的内角和都是 180°）

3. 动态理解三角形内角和

（出示大小不同的三角形）你看，有一个小三角形，延长两边，形成一个大三角形，它们内角和分别是多少呢？

（1）这三角形可是一大一小，内角和怎么会一样呢？角的大小和什么有关？（角 1 不变，角 2 和角 3 呢？每个内角都没有变，所以内角和也不会变。三角形变大了，角的大小不变。角的大小与边的长短无关；与角的两边叉开的大小有关。）

【设计意图】动态地理解三角形形状变化了，但内角和却不变。

（2）角 1 逐渐变大，角 2 和角 3 逐渐变小；最后，角 1 变成一个平角 180°，角 2 和角 3 变成 0 °。

三角形三个内角是怎么变的？内角和变没变？【多媒体演示】

小结：无论是什么样的三角形，它的内角和都是 180° 。

三、综合练习

三个三角形，但有的内角没有标角度，你能从上面的这些角度中选出合适的标上吗？比比看，谁最快？

怎么选的，有什么秘诀吗？

【设计意图】选角度，体现估算。

四、拓展提高

最开始，我们猜测这几个图形内角和有的是360度，有的是540度，到底对不对呢？你能利用今天学过的知识验证一下吗？出示：梯形，五边形，六边形。

【设计意图】利用转化的思想方法，再次探究验证。

三、对整节课的想法

尽管三角形的内角和是前人早已发现的知识，但是学生没有直接接受前人的知识，而是通过自己的探索实践重新发现，并被自己的实践所验证。教学活动充分激发了学生积极主动的学习热情，让学生真正参与新知的探究过程。在探究过程中，学生通过折一折，撕一撕，拼一拼以及推理的方法去验证三角形内角和为180°。在学生讨论交流中，学生渐渐对验证三角形内角和从形象到抽象过渡。学生是学习的主人，他们在猜测，思考操作、交流与反思中获取知识，发展智力，培养能力，完善人格。

（二）拓展实践活动课

为了丰富学生的操作经验、积累活动经验、发展学生的空间观念，我们特别设计了几个有意思的实践活动，希望学生在多个丰富的活动中积极参与、努力思考，能较好的理解概念本质、提高空间观念。

活动一：了解七巧板的发展历史和种类

【活动目标】

了解七巧板的国内外发展历史、种类，发现中国最常用七巧板各图形之间的关系，丰富学生对拼摆类益智玩具的浓厚兴趣，发展空间观念。

【活动步骤】

七巧板属于拼摆类的益智玩具，学生在生活中以及在之前的学习中都接触过这种玩具。学生有较丰富的拼摆经验，拼摆的过程中就是把各块图形进行组合的过程。两块或是更多块图形的组合，更多的是依托拼摆图形来完成的。学生在组合的过程中充满新鲜感，因为拼摆的图形各具特色，充分锻炼了学生的想象力和创造力。

【知识基础】

学生见到和使用的七巧板都是中国传统的七块图形板，但大多数学生装对于这种拼摆类玩具的发展历史并不是很熟悉。

【活动要求】

为了丰富学生对于七巧板历史的更深一步认识，教师组织学生们利用课余时间查阅资料，围绕“七巧板是怎样发展起来的，它的种类都有什么”展开调研。

【活动反馈】

在查阅资料的过程中，学生从古代到现代围绕时间轴进行了梳理。

从拿破仑玩这些板子开始，展开了了解这种益智玩具的历史。

eDDe说

七巧板不仅深受各国学者关注与喜爱，还在欧洲历史上留下了许多故事。

传说1815年滑铁卢战役失败后，法国皇帝拿破仑·波拿巴（Napoléon Bonaparte）被流放到大西洋的一个小岛上。为了消遣时间，他开始玩七巧板并为之着迷，七巧板也陪他度过了余生。

到了宋朝，黄伯思利用几何图形设计了一款由6张小桌子组成的桌子，这款桌子被称为“燕几”。

后来，黄伯思的朋友看到这套桌子后，十分欣赏，再为其增设了一件小几，以便增加变化，所以“燕几”又称“七星桌”。根据吃饭人数的不同，可以把桌子拼成不同的形状，比如3人拼成三角形，4人拼成四方形，6人拼成六边形……这样用餐时人人方便，可以视宾客多寡，任意拼排成不同形状的大桌面，这就是传统七巧板的雏形，为后世的拼图玩具开了先河。

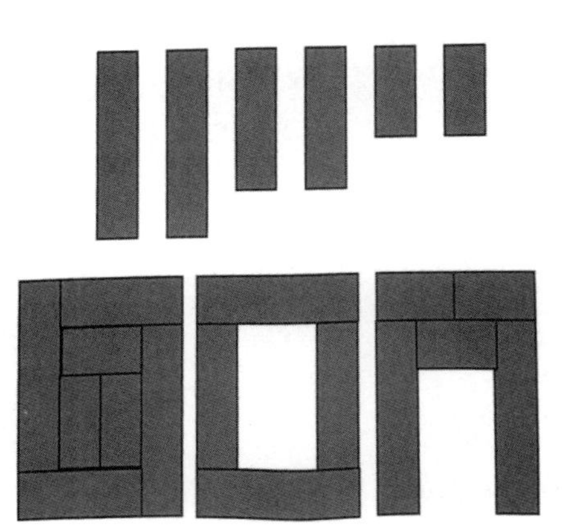

燕几图

为了满足人们对组合家具的需求，元明两代的工匠借鉴黄伯思的“燕几图”，利用木块模拟设计家具。明代戈汕根据“燕几图”的原理加入三角形，设计出了一套有十三个小几的几案组合，它们合起来像蝴蝶翅膀，分开有上百种组合方式，据此编成“蝶几谱”。

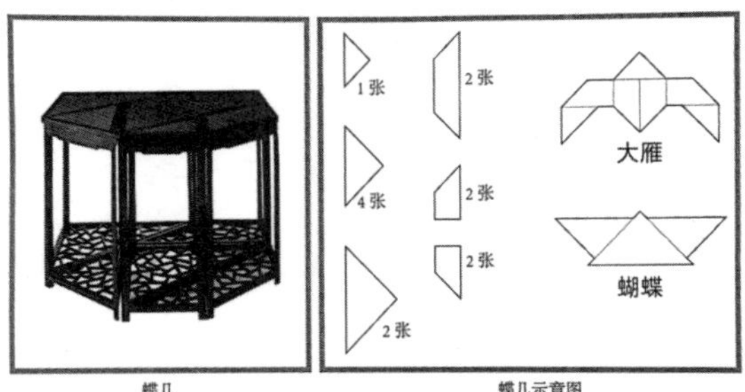

蝶几　　蝶几示意图

到了明末清初，工匠的设计图就慢慢演变成了拼图玩具。当时人们用纸板或者木片做成七块形状的板子，用它们拼图做游戏，因为这些板子设计巧妙而且好玩，所以被称为“七巧板”或者“七巧牌”。清朝皇宫中，人们常常利用七巧板拼出吉祥的图案和文字来庆祝节日。

现在北京故宫博物院里仍然保存着一套《七巧图》。可以说，七巧板是实用价值和艺术审美的完美结合。

七巧板于18世纪传到国外后，很多外国人废寝忘食地用它们做拼图游戏。外国人称它为“唐图”，意思是“来自中国的拼图”。

阅读资料

基于学生了解到的情况，再研究七巧板的种类都有什么。通过学生多方面查阅资料，找到了几种不同的七巧板：

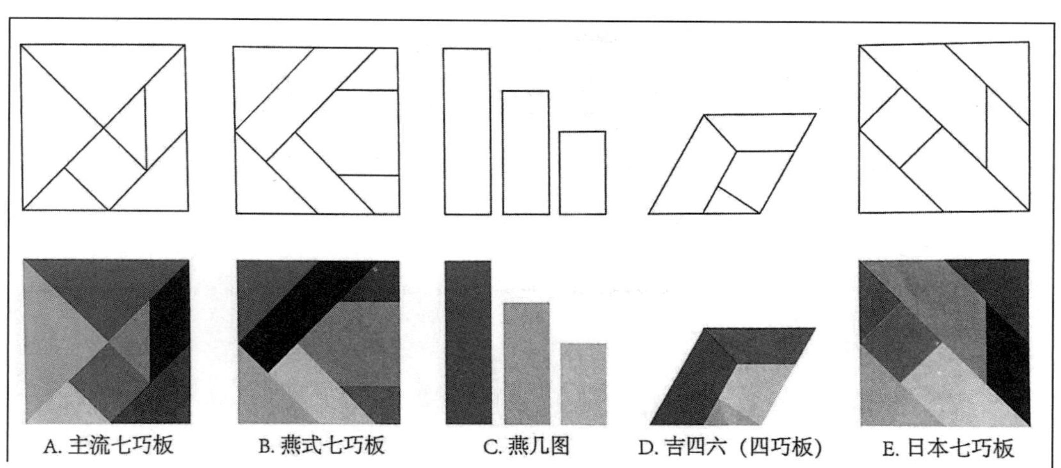

A. 主流七巧板　B. 燕式七巧板　C. 燕几图　D. 吉四六（四巧板）　E. 日本七巧板

学生在调查的过程中发现，拼摆类玩具不仅仅是七块的，也不一定拼成的完整图形都是正方形。这个查阅资料的过程，学生头脑中的“七巧板”已经打破了七块的固有模式。那么学生头脑中会想什么？会不会也想设计不一样的“七巧板”？

活动二：设计个性“变形板”

【活动目标】 能根据图形的分割经验，把正方形分割成不同图形，探究各图形之间的关系。

【活动步骤】

（一）第一次活动：观察七巧板分割情况，发现七块平面图形之间的联系是什么。

课堂上让学生先独立思考，借助学习分数以及面积的知识来发现图形之间的联系，这对于学生来说并不陌生，是旧知识输出的过程。

当学生把一个正方形整体剪开，再拼起来说明联系时，这就是旧知识加工创造的过程。学生在拼摆中是在分割一个正方形整体，分割对于学生来说比较难。要是脱离开传统的七巧板，自己来分割不一样的图形，那更是难上加难！

【知识基础】

学习完分数和面积，用旧知识把正方形这个整体分割成其他图形。

【活动要求】

思考讨论如果拼摆图形，你都需要哪些图形？完成报告单。

1. 直边图形（三角形、长方形、正方形、梯形、平行四边形……）

2. 曲边图形（圆形、半圆形……）

【活动反馈】

发现学生在讨论分割图形时，能够考虑到直边和曲边的利与弊，分割的更加精确美观。

（二）第二次活动：

活动核心放在引导学生思考：

1. 你的分割步骤是什么？具体记录下每一步是怎么分割的。

2. 分割后的图形，它们之间有什么关系？

学生在写报告单时，都是一边操作一边记录分割步骤。在整个正方形被分割的过程中，学生先是为了分割而分割，没有考虑到自己为什么要这样分？发现这个问题时，老师适时调整引导方向，让学生围绕这两个问题进行，有了明确目标后学生的操作才真正有价值。

活动三：拼一拼我拍的照片

【活动目标】

1. 对生活实物的特征进行分析，能运用分割图形进行组合，发展学生的创造能力。

2. 通过对图形的分割与组合，实现双向转化，在对图形的再研究过程中发展学生的空间观念和推理能力。

【活动步骤】

知识基础：在前段时间研究分割图形，以及制作“个性变形板”的基础上进行。

活动要求：用自己创作的“变形板”拼摆照片上的图形。

核心活动：

学生有了自己创作的“变形板”，就可以用它来拼摆图形了。那么，拼摆的图形在哪儿呢？老师组织学生从生活中选择一个立体图形，并对其中的一个面拍照，引导学生用自己创作的“变形板”来拼摆这个图形，看看完成得怎么样。对于学生来说，一套有的时候不够，设计的图案往往不够拼出完整图形的。因此，老师可以先引导学生用一套试试看，在一定基础上可尝试复杂的图案，以提高审美能力。活动中发现，怎样分割、分割出什么图形是学生操作过程中比较难的地方。

学生在生活中先要选取自己感兴趣的物品，把这个立体图形抽取出其中一个面来进行拍照，这是一个从立体到平面的过程。学生看着照片上的每一部分，再去思考如何分割成小部分，对学生来说也是一个图形再加工的过程。学生在设计制作的过程中，颇有创意还很有意思呢！

学生作品赏析：

学生介绍：我发现最难的是把螃蟹的八条腿拼出来，我设计的图形中缺少小的三角形，于是我把照片中的小螃蟹改了一个姿势，让它仰着头看天空。哈哈，可爱吗？

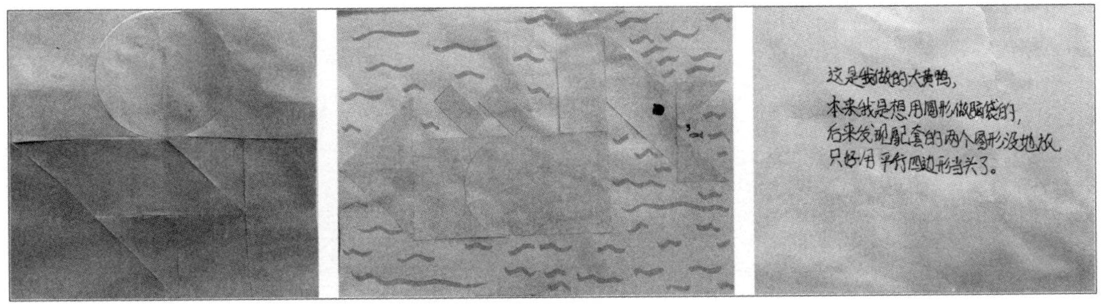

学生介绍：我最喜欢的大黄鸭！当我用自己设计的板子来拼的时候，鸭头的地方我没考虑到，所以最后用了平行四边形来做鸭头部分。我觉得也不错！

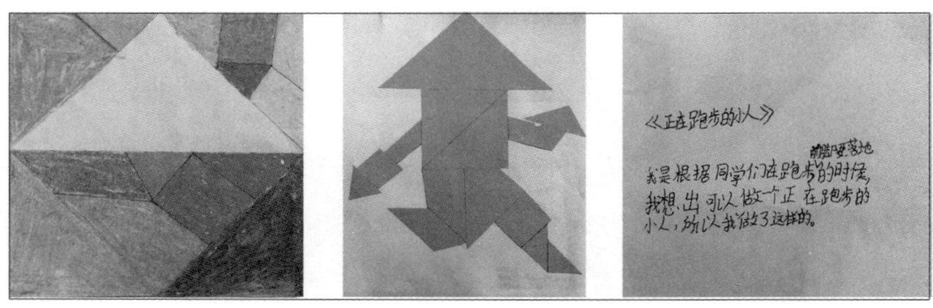

学生介绍：我们每天的体育课都要跑步，我就想多设计一些板子，来刻画出一个正在跑步的小孩儿。小孩正在跑步的姿势很漂亮，我喜欢这种动感的感觉。

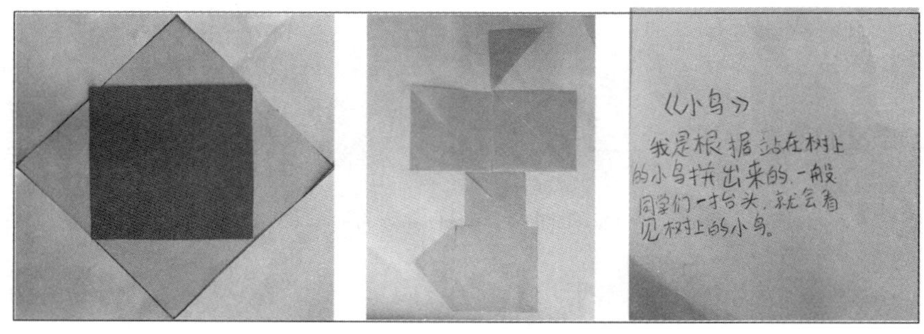

学生介绍：我这个比较抽象，可能不太像，等我回去再修改一下，可能大树有点不像了，嘻嘻……

老师反馈：我觉得你很有想象力，经过你的描述，我的头脑里想到了这个画面呢。

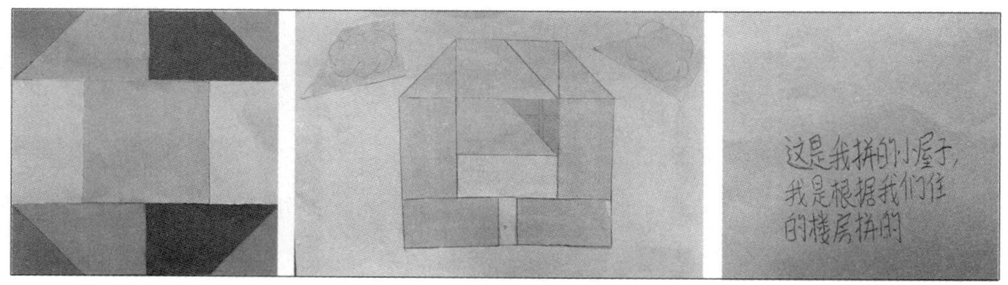

学生介绍：我把传统的小房子进行了改造，这是比较新鲜的拼法，我心

中的小房子。

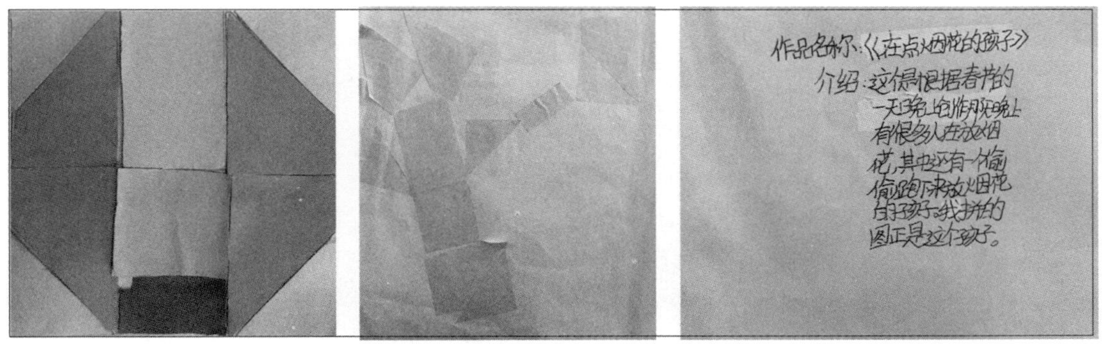

学生介绍：哈哈哈，我这个是比较喜庆的画面。这正是我，一个点炮竹的小女孩！

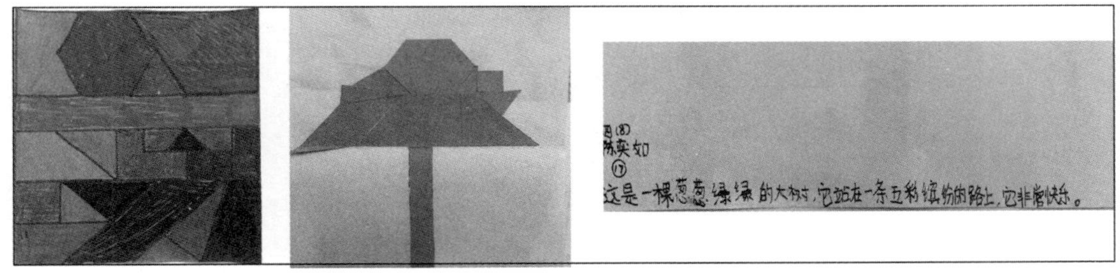

学生介绍：我设计了很多块板子，在设计时候我就想拼一个比较复杂的大树，想更多地刻画出大树的各个部分，让大树的树冠更加有动感，希望你们喜欢。

第三部分：评价细则

一、课内教学

	评价细则	达到标准
5 分	在探究过程中，想到了折一折、撕一撕、拼一拼以及推理的方法去验证三角形内角和为 180° 。在讨论交流中，对验证三角形内角和是从形象到抽象逐渐过渡。	能把四种方法清晰地操作出来、展示给大家，并且正确、流利表达出自己的每一个思路。
3~4 分	在探究过程中，想到了折一折、撕一撕、拼一拼以及推理的方法中任意两个或三个方法验证三角形内角和 180 度。在讨论交流中是从形象到抽象逐渐过渡。	能把两三种方法清晰的操作出来、展示给大家，能详细表达思路。
1~2 分	在探究过程中，想到了折一折、撕一撕、拼一拼以及推理的方法中任意一个或两个方法验证三角形内角和 180° 。在讨论交流中是以形象为主。	能把一两种方法清晰的操作出来、展示给大家，能详细表达思路。

二、拓展实践活动课

1. 总量表评价

		5 分	3~4 分	1~2 分	总分
内容查阅完整	自评				
	互评				
	师评				

		5分	3~4分	1~2分	总分
设计意图及制作方法介绍	自评				
	互评				
	师评				
设计美观有创意	自评				
	互评				
	师评				

2. 评价细则及示例

（1）内容查阅完整方面

	评价细则	作品形式
5分	查阅资料的两项（发展历史和种类）都很具体，有文字和图画的具体说明。	形成完整的报告单
3~4分	查阅资料的两项其中一项很具体，另一项有简明扼要的描述。	报告单或者是调查表
1~2分	查阅资料的两项都不太具体，没有具体的文字和图片，描述不够清晰。	简单的调查表

（2）设计意图及制作方法介绍

	评价细则	作品示例
5 分	作者能够完整地介绍个性板的设计意图，在制作方法介绍中能够总结出自己的制作及创意心得。	接着，在下面的二个月里，我们又做了二十面体、十二面体、爱心、钻石等等复杂的立体图形，最终我与[illegible]同学合作，做出了一个城堡，我们都十分开心和享受这次活动。 我以前动手能力不强，基本上不会做什么立体图形，但这次数学实践课不但提高了我的动手能力，还让我对立体图形产生了浓厚的兴趣，还让我成为了一个爱钻研、爱思考、爱动脑的孩子，使我从一个对立体图形一无所知的不爱钻研的孩子，变成了一个，看到立体图形
3~4 分	作者基本清楚个性板的设计思路，在制作中没有总结出自己的心得。	没有总结
1~2 分	作者没有自己的设计意图，制作的个性板较为粗糙，没有自己的想法。	没有思路和总结

（3）制作美观有创意方面

	评价细则	作品示例
5 分	作品由多个图形分割而成，设计内容新颖、独特且具有趣味性、观赏性和实用价值，配色美观和谐，设计者具有一定的审美能力。	
3~4 分	作品由多个图形分割而成，设计稍稍简单一些，配色较为单一。	

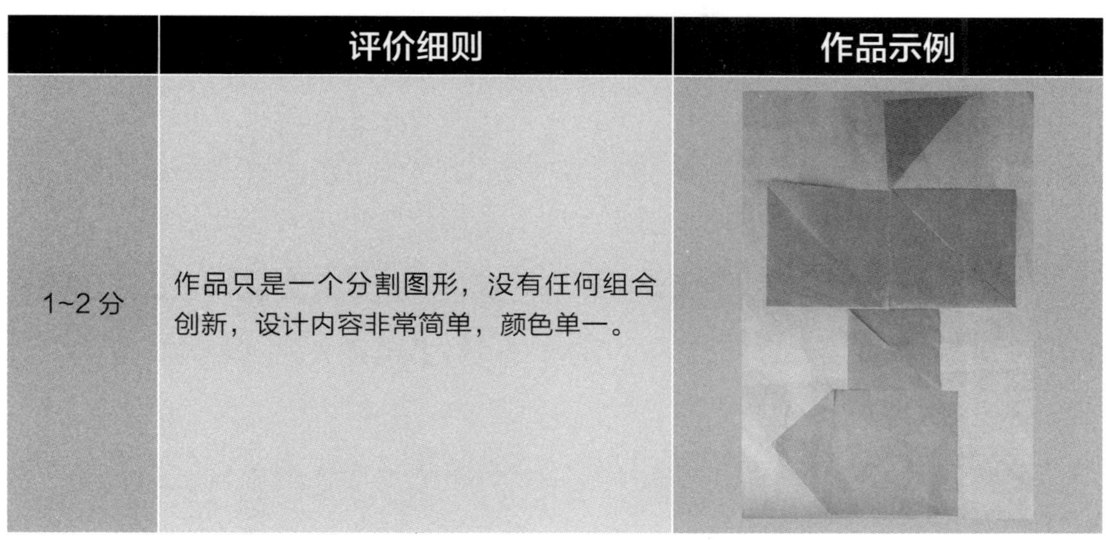

	评价细则	作品示例
1~2 分	作品只是一个分割图形，没有任何组合创新，设计内容非常简单，颜色单一。	

第四部分：结论与建议

“空间观念”是义务教育阶段培养学生初步的创新精神和实践能力的重要学习内容，张丹老师也把空间观念概括为“转化→表达→分析→想象→几何直观”这样几个层层深入的核心词语。在我们的数学课堂上，引导学生用数学的思维方法去思考问题、挖掘本质、解决生活中的现实问题，变得更为重要。

本单元的四课时内容都是围绕三角形和四边形的相关概念以及分类展开的。若教学内容仅仅停留在概念教学上，那么学生很难理解数学问题从生活中来、再服务于生活的观念。图形内容的学习能很好的培养学生的“空间观念”。学生需要从实物图形到抽象图形、再到实物图形的多次转化，也需要正确表达自己想法及合理想象和创作等。

建议教师在学情调研中多关注学生的已有学习经验和困难点，找到合理的知识生长点，引导学生快乐学习，建立空间观念。例如学生没有经过分割和组合的专门学习，还处于生活经验的直接运用阶段，因此课堂上还需要为学生创造操作的机会，帮助学生由生活经验转变成数学活动经验的积累，进而理解概念的本质。

建议课堂活动中多给予学生完整的操作过程，学生之前接触到的操作活动多以组合为主，对图形的分割没有实践经验。可见图形分割对于学生来说是完全陌生的，对一部分学生来说也是困难的。我们要关注到分割与组合原本就是一个完整的过程，学生应该从完整操作中总结经验、积累经验，因此可以适时增加拓展活动，提高学生的空间观念。

建议实践活动以课本内容为载体，带领学生走出课堂，走进社会，设计符合学生生活实际的、学生感兴趣的、富有挑战的实践活动，引导学生解决现实问题，感受到数学就在生活中，生活中处处用数学，使数学不但培养学生能力又能服务于现实生活。

趣味长方体和正方体

——五年级培养推理能力的课程与实践研究

第一部分：课程目标

一、课内课程教学目标

❶ 通过观察、设计、制作和反思等探索活动，逐步深入理解长方体的特征，实现二维到三维之间的转化，从而发展学生的空间观念。在活动中解决问题，寻求答案的过程也是提升学生推理能力的过程。

❷ 学生经历长、正方体展开与折叠的过程，体验长、正方体等图形展开与折叠之间的关系，加深对长方体、正方体的认识。

❸ 探索长方体表面积公式，会计算长方体表面积，进一步认识长方体。

❹ 在一系列学习过程中，学生经历想象、操作、再想象的学习过程，获得成功体验。

二、实践活动教学目标

❶ 制作长、正方体目标

（1）学生根据自己的观察进行思考，利用方格纸独立设计并制作长、正方体。

（2）在制作长、正方体的过程中，引导学生根据长、正方体的剪开痕迹，绘制长、正方体展开图。

（3）在制作长、正方体，绘制展开图的过程中，体会面与体的关系，感受二维与三维之间的相互转换，发展空间观念。

❷ 制作机器人目标

（1）鼓励学生独立创新，制作机器人，培养审美能力。

（2）在相互评价的过程中，促进学生之间的相互交流与学习。

第二部分：任务活动设计

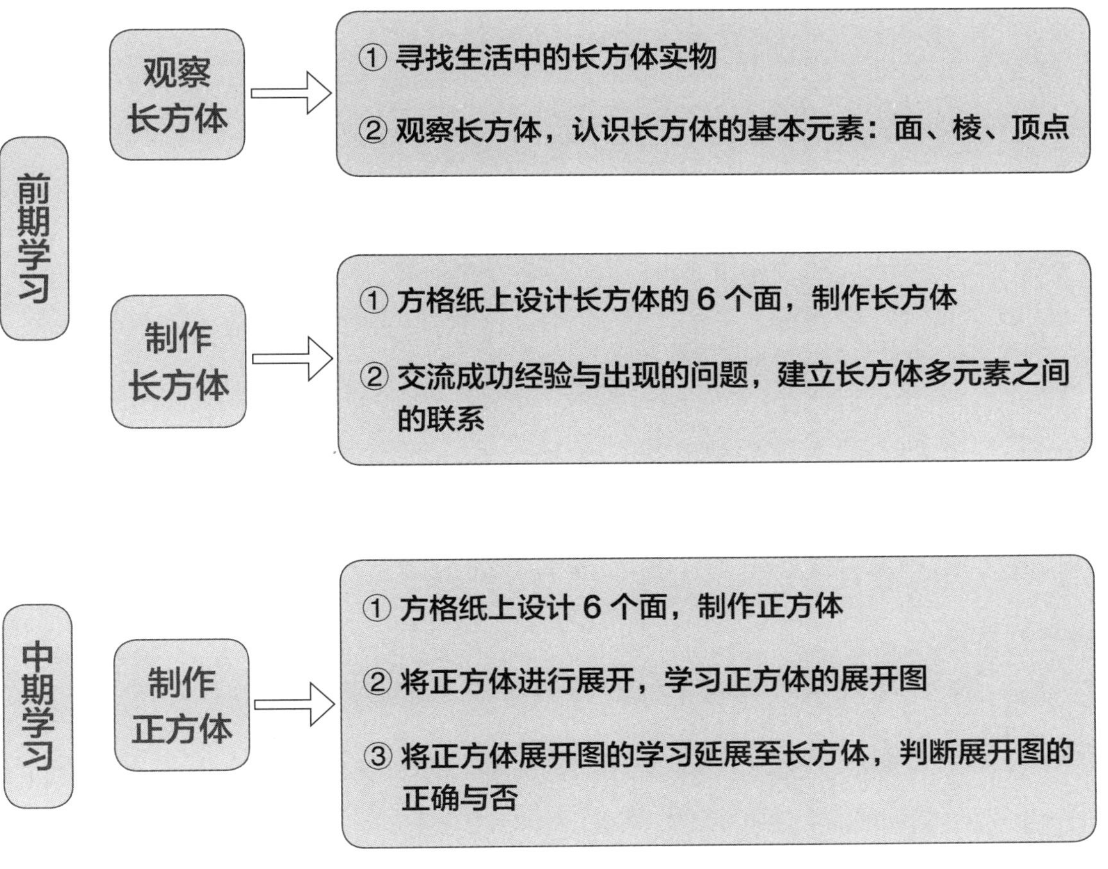

后期学习	制作机器人	⇒	独立设计长、正方体展开图，制作机器人

一、对课程任务的解读

（一）《长方体（一）》中的推理能力培养

1. 确定主题的依据

“推理能力”是《课程标准（2011版）》中所说的“十大核心概念”之一，推理是数学的基本思维方式，也是人们学习和生活中经常使用的思维方式。

《课程标准（2011版）》的学段目标分别从知识与技能、数学思考、问题解决和情感态度、价值观四方面提出要求。其中对于学生合情推理能力培养的要求集中体现在数学思考方面，具有着明显的层次性，具体如下：

第一学段：在观察、操作等活动中，能提出一些简单的猜想。

第二学段：在观察、实验、猜想、验证等活动中，发展合情推理能力，能进行有条理的思考，能比较清楚地表达自己的思考过程与结果。和上个阶段相比本学段有了更高的要求，既要有思考的过程，还要有清晰的表达。

第三学段：加入了演绎推理、证明方面的内容。这些内容在小学阶段不做硬性要求。

推理能力是培养创新意识和解决问题能力的重要途径和方法，对学生的综合素养提升起着至关重要的作用。但其相对于计算能力、空间观念更隐性，不易把握，教学中往往被忽视。通过学习与思考，我们认为推理其实贯穿在各个领域，也存在于我们的每节课堂。我们需要选取一些知识点，开发利用好它们，以便教学中能使推理能力培养更显性，发挥更大的作用。

2. 学生推理能力培养的基本设想

什么是推理？概括来讲，我们认为在现实生活和科学研究中，人们需要把握事物之间的内在联系和规律，需要通过一些现象或者已知的判断作出新的推断，这个过程就是一个推理过程，它是一个展现人们思维的过程。而我们所构想的对长方体的整个学习过程就是这样一个从旧知推断出新知的过程。具体而言，起初学生是认识长方体的，但他们对长方体的认识并不全面，当学生经历观察、实验、猜想、验证等数学活动过程，经历了从现象到本质、从具体到抽象、从假设到验证的科学探索过程，他们对长方体的认识才能更全面和深刻。而在这样的一个过程中学生由动作思维到表象再到抽象思维，从个别特殊的事物中发现规律，进行归纳，完成一个相对完整的推理过程。

（二）教材梳理

《长方体（一）》这一单元，主要学习内容包括：

内容
长方体的认识（长、正方体特征的认识）
展开与折叠（长、正方体的展开图）
长方体的表面积（长、正方体表面积计算）
露在外面的面（解决有关求物体表面积的问题）

长方体和正方体作为最基本的立体图形，通过学习长方体和正方体，可以使学生更好地了解周围的世界，从研究平面图形到研究立体图形，是学生空间观念发展的一次飞跃。同时，从直观感受到认识图形的特点也是学习上的一次深化，是学生推理能力的一次提升。那么对于本单元内容的学习，北师大版教参也提出了组织本单元学习内容的教学思路：

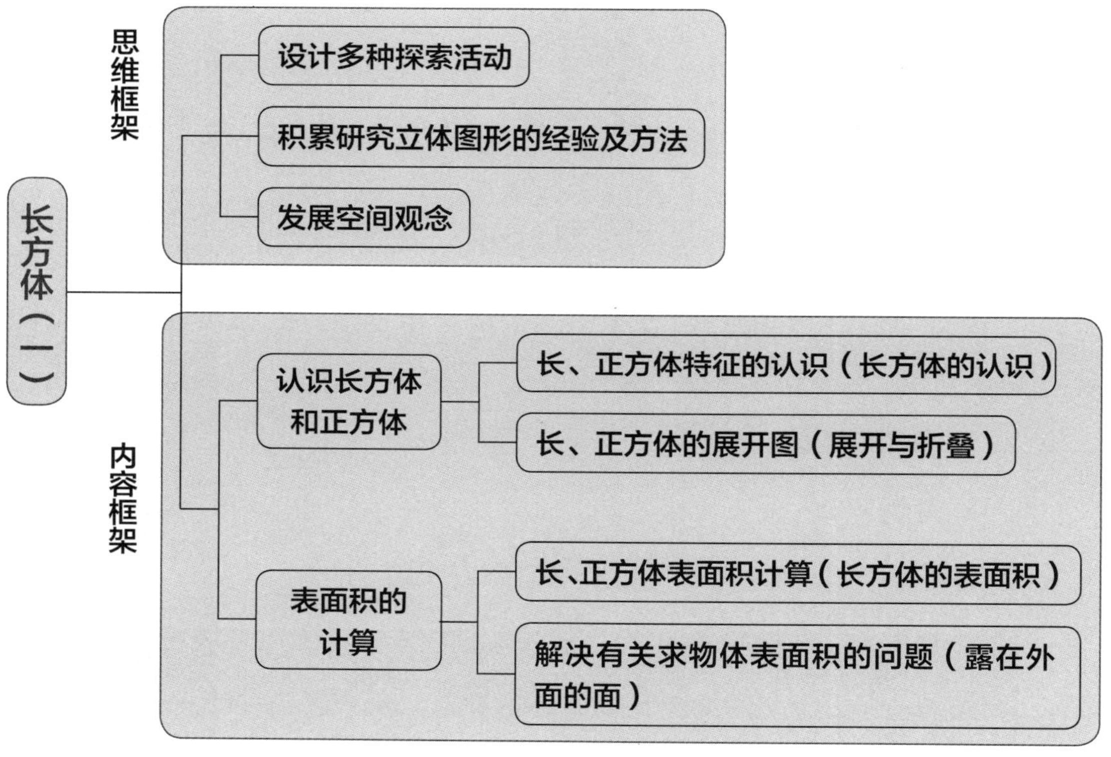

结合主题学习目标及单元教学思路，我们可以看到：

1. 本单元主题的学习重视观察与具体操作相结合，在探索长方体和正方体的结构特征和本质特征的过程中，发展学生的空间观念。

2. 在对长方体和正方体本质特征与表面积相关问题的探究过程中，学生借助几何直观，发展空间想象和空间推理能力，积累解决问题的经验。

再者，纵观学生对图形认识的学习过程，我们可以看到：

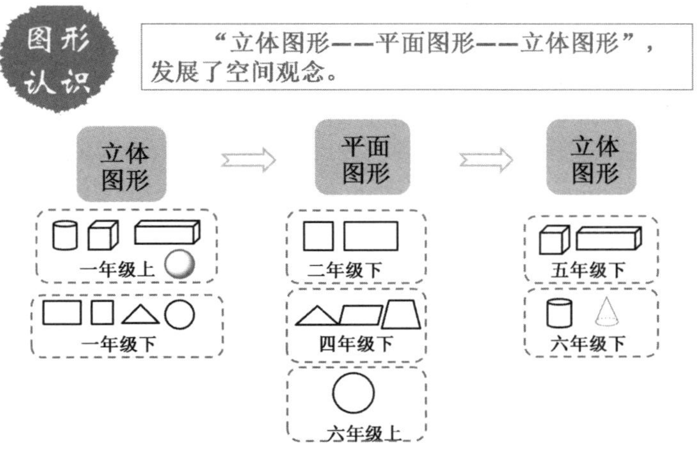

孩子们对图形认识的学习过程：初步认识立体图形——具体刻画平面图形——再次深入刻画立体图形。这是一个螺旋上升的学习过程，在这个过程中，学生对图形的认识从立体到平面，从三维到二维，再从平面到立体，从二维回到三维，整个学习过程都在培养和发展学生的空间观念。那么具体到教材中又是怎样呈现这种学习过程的呢?

对比三个版本的教材，我们发现其共同之处在于：以观察长方体为切入点，从直观上感知长方体的特征。不同之处在于：北师大版加入了验证的过程，验证对面是否相等；人教版是给了 12 根木条，分为 3 组，每组 4 根，通过搭长方体框架，来认识特征。

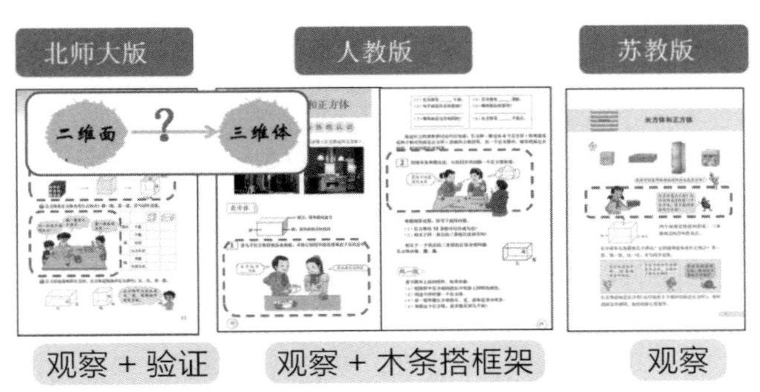

【我们的思考】

1. 观察确实是一个很好的学习手段，在观察中学生可以直观感知到长方体的特征。但对于观察而言，长方体面、棱、顶点三者是割裂开来的，毫无联系。单纯地观察活动并不能帮助学生认识到面面相交成棱，三棱相交成顶点的知识。

2. 在长方体认识的过程当中，验证环节的主要目的是验证观察到的特征是否正确，但其它无法承载对学生空间观念的培养重担。

3. 对于搭长方体框架，已经给定 12 根小棒，拼搭长方体框架并不困难，即便学生不了解长方体特征，很多孩子也能正确完成。这样的活动对学生空间观念的培养意义并不大。

因此，课程需要有一个更好的操作活动，在这个活动中，学生能进一步认识长方体特征，同时在二维、三维的转化过程中，结合自己的推理能力，将长方体的 6 个面建立关联。这包括让学生体会到相对面之间的关联、相邻的面之间的关联、12 条棱之间的关联……只有这样，学生才能够在头脑中重塑长方体的形状特征，使其对长方体的认识变得丰富而深刻。与此同时，在整个学习过程中，学生头脑中又是怎样的一个思维过程，他们如何在原有对长方体认知的基础上，通过一系列思维活动，推论出长方体的本质特征，丰富对长方体的认识呢？我们也应在这个活动中使学生的思维过程显性化。

（三）学生调研

对于本单元主题的学习，《长方体认识》一课是本单元学习的起始课，是至关重要的学习内容。为了深入了解本学段学生空间及推理能力的发展特点，寻找学生的学习起点和障碍点，我们针对《长方体认识》相关学习内容进行了学情调研。

在现实生活和科学研究中，人们需要把握事物之间的内在联系和规律，需要通过一些现象或者已知的判断作出新的推断，这个过程其实就是一个推理过程。对于长方体的认识，学生的已有经验是什么呢?

第一部分：已有知识和经验

调研题目

观察这个长方体，用自己的语言写一写长方体有哪些特征?

调研结果

	人数	不同表现	
关注面	24人（72.7%）	有6个面	14人
		6个面，其中4个面相同	5人
		6个面，且对面相等	4人
		一次最多看3个面	1人
关注棱	4人（12.1%）	有3组长宽高	1人
		四条边相等的有2组	1人
		每条边一样长	1人
		长方体有棱	1人
关注顶点	8人（24.2%）	有角	1人
		每个角都是直角	2人
		有4个角	1人
		有8个角	4人

关注面，棱和顶点的人数有交叉。其中，既关注到面又关注到棱的有3人（9.1%）。

33个学生中，有24人次关注到了“面”，占全部学生人数的72.7%。这其中有14人次仅关注到长方体有6个面。进一步观察到对面相等，4个面相等的学生有9人次。还有1个学生是通过观察物体的经验得知从一个角度我们最多只能看到3个面。仅有12人次关注到了棱和顶点，且他们对棱和顶点的认识并不全面，甚至有些认识完全是错误的。由此我们可以看到，学生们对于长方体面的认识远远大于对棱和顶点的认识，他们对于棱和顶点的认识是欠缺的。

进一步思考，我们想到：那些只观察到长方体有 6 个面的学生的认识水平能不能进一步得到提升？如何才能引导学生从关注面进而关注到棱和顶点？对于长方体面的认识是否只局限于认识到长方体的对面相等？为了解决上面这些问题，仅仅利用观察长方体这一活动肯定是不够的，因此我们进行了第二次调研：让孩子们动手制作长方体，通过孩子动手操作和后续的交流访谈，思考到底怎样的活动能够帮助他们完善对长方体的认识。

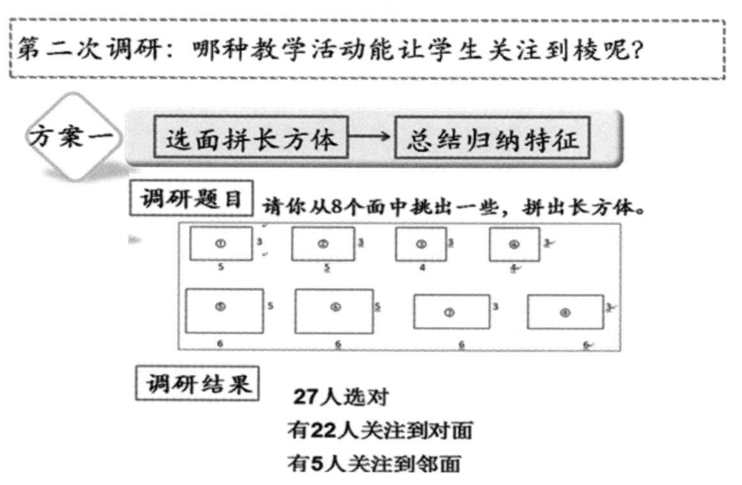

实施方案一：给定 8 个长方形，让学生从中选出能拼成长方体的面。在调研的 33 个学生中有 27 个学生选出了 6 个面，并且全部拼搭成功。可当继续追问对长方体又有哪些新的认识时，22 个学生仍然停留在对面的关注上，仅有 5 个学生关注到了相邻面的那条公共边必须是相等的，意识到了棱的存在。

从中我们认识到，通过选面拼搭长方体的活动难度不大，思维含量不高，并不能反映出学生认识长方体特征的真实情况。

我们尝试了第二种活动方案，让学生自己画面，制作长方体。

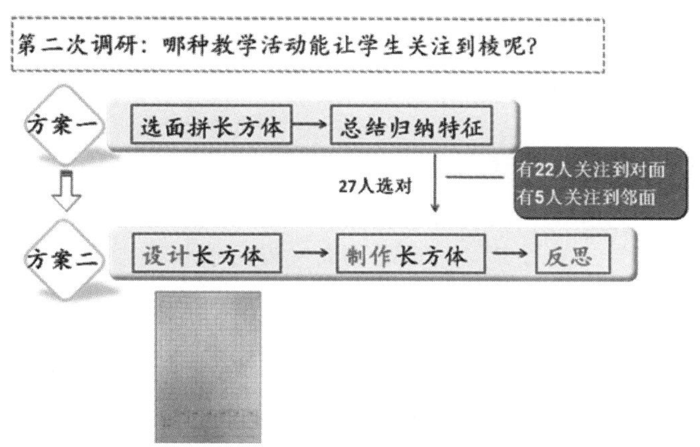

我们发现实施方案二的过程中，所有的孩子都已经关注到对面相等。具体而言，100% 的学生知道长方体有 6 个面，且相对的面完全一样，因此应有 3 组面。结果显示，画的面能够拼成长方体的有 28 人（84.8%），但其中有 20 人（60.6%）画的面所拼成的长方体是 4 个面全等的特殊长方体，8 人（24.2%）画的面能拼成一般长方体，不能拼成长方体的只有 5 人（15.1%）。

针对设计出 4 个面全等长方体的 20 人（60.6%），我们再次要求他们设计一般长方体的 6 个面，结果正确的仅为 5 人。可见，真正认识到对面相等且相邻的面相接的边长度相等的只有 13 人（39.4%）。但无论是否拼搭成功，我们可以发现学生的认识都已经不再只停留在对面相等上，那些未能拼搭成功的孩子也开始意识到他们的问题在于没有关注到邻面。

在访谈过程中，我们发现相当一部分学生具备一定的推理能力，如在发现拼搭不成功时能及时反思自己的思维过程，但他们大多数还不能很好地表述自己的思考过程，表述过程中也较多使用生活语言，如在叙述棱长时使用“这条”“这儿”“这个”等。此外，借助具体操作活动，学生能够自己推断出相邻的面相接的边长度应相等，但无法自行推断出长方体有 3 组棱，每 4 条棱长度相等。

二、活动内容

（一）课内核心课

【教学目标】

1. 通过观察、设计、制作和反思等探索活动，逐步深入理解长方体的特征，实现二维到三维之间的转化，从而发展学生的空间观念。在活动中解决问题，在寻求答案的过程中提升学生的推理能力。

2. 经历长、正方体的展开与折叠的过程，学生体验长、正方体等图形展开与折叠之间的关系，加深对长方体、正方体的认识。

3. 探索长方体表面积公式，会计算长方体表面积，进一步认识长方体。

4. 在一系列学习过程中，学生经历想象、操作、再想象的学习过程，获得成功体验。

【教学重点】

1. 进一步理解长方体的特征，理解长方体的表面积并掌握表面积的计算方法，能够解决相关问题。

2. 在设计、制作、分析的过程中，发展学生的空间观念及推理能力。

【教学难点】

1. 在二维与三维的空间转换过程中，探索长方体的特征，发展空间观念。

2. 在一系列自主学习的过程中，学会思考问题，解决问题的方法，提升推理能力。

【教学实施】

1. 单元教学整体规划

单元教学共包括 6 课时，每课时的内容主题及关联如下图所示：

第 1 课时:《长方体的认识》
深入理解长方体的特征。
(评价:学生对长方体特征的深入认识建立在丰富的操作活动当中,经历从二维到三维,从三维到二维的转换,发展空间观念,提升推理能力。)

第 2 课时:《展开与折叠》
经历长方体与正方体的展开与折叠过程,进一步丰富对长方体与正方体的认识。
(评价:学生在对长方体与正方体进行展开与折叠的过程中,进一步掌握对面与邻面的关系,发展空间观念,提升推理能力。)

第 6 课时:《练习》
回顾本单元学习内容,综合解决实际问题。

第 3 课时:《长方体的表面积》
理解什么是长方体的表面积,探索长方体表面积的计算方法。
(评价:对长方体的表面积的认识建立在展开与折叠的学习基础之上,对计算方法的探究过程也与展开与折叠过程紧密相联。)

第 4 课时:《长方体表面积练习》
应用长方体表面积公式解决实际问题。
(评价:培养学生分析问题与解决问题的能力。)

第 5 课时:《露在外面的面》
探索并掌握计算露在外面的面的方法,发展空间观念,提升推理能力。
(评价:掌握一定的有序的思考方法对学生日后的学习有很大的益处。)

2. 教学过程设计（以 1、2 课时为例）

第 1 课时《长方体（一）》

一、观察长方体，初步认识长方体，归纳长方体特征

今天这节课我们要研究长方体

你们对长方体陌生吗？

互相看看大家带来的都是长方体吗？

他这个细长细长的，他这个短粗短粗的，你也选一个看看，这长方体长什么样呀？

（1）预设 1：6 个面

能麻烦你带着大家数数吗？

上、下、左、右、前、后，一共 6 个面。

（2）预设 2：面的形状

撕面下来，贴上，你会发现有的面是长方形，有的面是正方形。

（3）预设 3：12 条棱请你带着大家一起数数。

（4）预设 4：8 个顶点我们再跟着他一起数数。

总结：你们对长方体的认识还挺丰富的呀，通过观察各种各样的长方体我们发现长方体有这样那样的一些特征。发现它们对大家来说一点都不困难。

二、制作长方体，深刻认识长方体，发现长方体特征

（一）设计

给你 6 个这样的面，把它们拼回长方体，困难吗？

那要是自己在方格纸上设计 6 个面再拼成长方体呢？

这样的和这样的，你觉得哪个更有挑战？

有挑战不怕，关键是你有没有正面迎接挑战的决心和信心？

那现在拿出你的方格纸，这纸上每个小格的边长是 1cm。大家先不着急往纸上做工作，先闭上眼睛，好好想想：

1. 就这么大一张方格纸，长方体是尽量做的大点，还是小点？

2. 是想做个瘦高的，还是矮胖的？

3. 那 6 个面，每个面的形状和大小？

光靠想，想不出来也想不清楚，没事，请你拿着长方体，边观察边设计自己长方体的那 6 个面。想好了，观察好了，就拿出彩笔在方格纸上把你设计好的那 6 个面分别画出来，画完了把表格也填完。

（二）制作

先把 6 个面全剪下，然后拼一拼。如果一次就成功，有时间就看看黑板上这些数据，用一两句话把你判断的依据或者说是成功的经验简单地写在横线上。万一一次没成功，请抓紧时间修改再拼，并及时总结问题出在哪里，把不成功的原因也简单地写在横线上。

（三）交流

现在四个同学一组相互交流一下你的经验或是问题，每个组选个发言人，把你们组认为最有价值、最想跟大家说的总结一下向大家介绍。

（四）反思

1. 找相邻的面相接的边长度一样

总结：从制作的过程中我们发现，只关注相对的面面积相等不够，还需要关注到相邻的两个面相接的边长度要一样才能拼接起来，实际上两面相接就形成了长方体的棱。其他组有别的发现吗？或者是我们的发现是相同的，但思考的角度不一样？

2. 看表格说棱

总结：结合表格中的数据，我们发现长方体不仅有 12 条棱，而且它们还分成了三组，每组中的 4 条棱长度必须是一样的。而不同组的三条棱相交于同一个顶点就称之为长方体的长、宽、高。

（五）提升

回顾整节课，开始的时候我们观察长方体发现了长方体的一些特征，接下来我们又自己花了一些时间制作了长方体，制作长方体对认识长方体有什么帮助呢?

只通过观察归纳出的这些结论在某种情况下是不够全面的，只有在制作、验证的过程中，开动脑筋，深入思考，才能发现一些新的结论，使我们对长方体的认识变得更加深刻和全面。

第 2 课时《展开与折叠》

动画引入，师生通过对话，明晰展开图的概念。

新课探究的环节图如下：

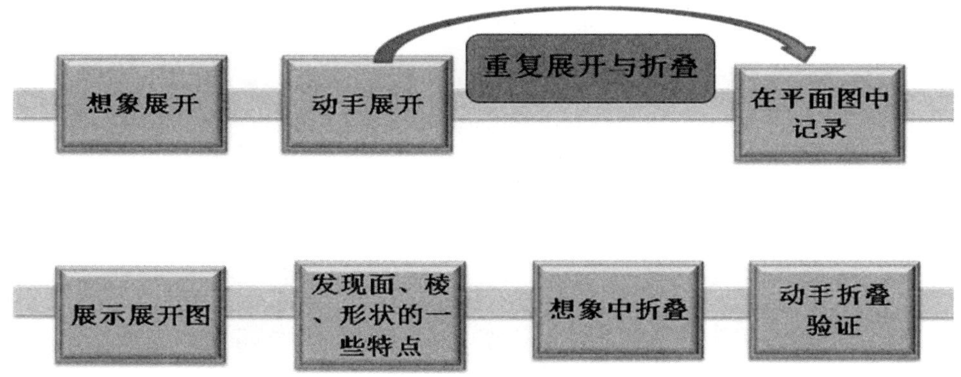

学生活动单

1. 讨论主题：如何展开一个正方体的盒子？

2. 怎样清晰简洁的记录，达到只看记录就能明白正方体盒子展开的整个过程。

3. 我们的发现：______________________________

____

____

3. 板书设计（第 1、2 课时为例）

第一课时：长方体

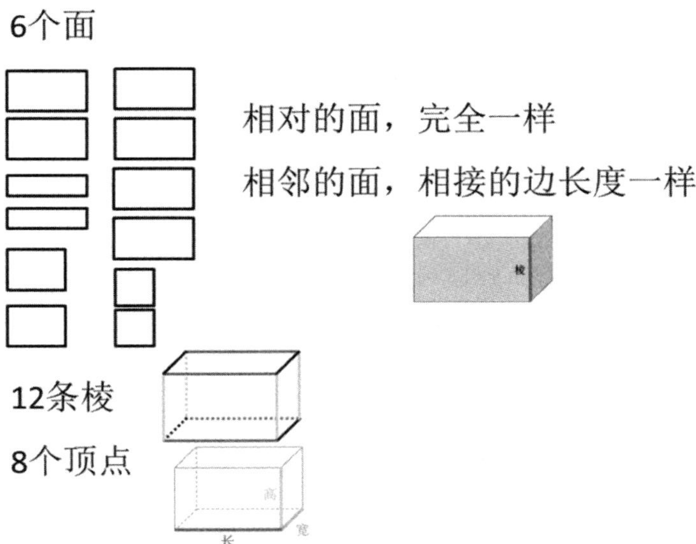

第二课时：展开与折叠

学生展开作品：

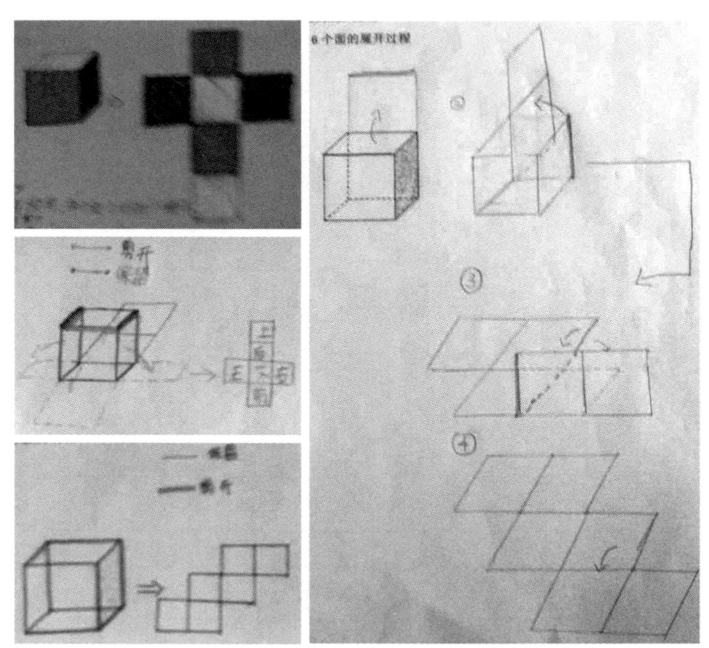

（二）拓展实践活动课

活动一：制作长、正方体

第一次活动：设计正方体展开图，制作正方体

独立在方格纸上设计 6 个面（单独），并制作成正方体。

第二次活动：判断正方体展开图

将自己制作的正方体制作成展开图，在班级内总结分类（11 种）。

第三次活动：判断展开图正误

1. 指导学生观察。

2. 想象，讨论展开图。

3. 能够从众多展开图中选择出正方体的展开图。

第四次活动：绘制展开图

1. 想象正方体的展开过程，画出剪开的痕迹。

2. 依据痕迹绘制展开图。

3. 依据痕迹剪开，判断展开图的正误。

活动二：制作机器人

第一次活动：利用方格纸绘制展开图，制作长、正方体，组建机器人。

第二次活动：脱离方格纸绘制展开图，制作长、正方体，组建机器人。

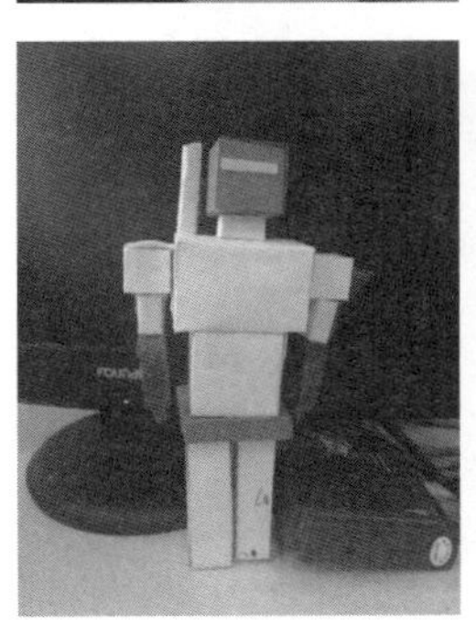

第三次活动：尝试绘制其他立体图形的展开图，组建机器人。

第三部分：持续性评价

1. 总量表评价

		5分	3~4分	1~2分	总分
制作规范完整	自评				
	互评				
	师评				
制作美观有创意	自评				
	互评				
	师评				

2. 评价细则及示例

（1）制作规范且完整方面

	评价细则	作品示例
5分	作品中的所有接缝均严密整齐，无开裂或凸出现象，平面部分平整。	

	评价细则	作品示例
3~4 分	作品中接缝偶有开裂或凸出的地方，平面部分偶有不平整的地方，但不影响整体作品效果。	
1~2 分	作品中的接缝极为不整齐，凹陷和凸出的地方较多，甚至平面部分有明显不平整的部分。	

（2）制作美观有创意方面

	评价细则	作品示例
5 分	作品由多个立体图形组合而成，设计内容新颖。	
3~4 分	作品由长、正方体组合而成，设计稍简单。	
1~2 分	作品只有正方体或长方体组成，设计过于简单。	

序号	评价目标	评价内容	评价方式
1	对长方体的认识是否全面正确	右图是一个长方体盒子。（上、下两面近似认为一致，单位：cm） （1）这个盒子的上面是什么形状？长和宽各是多少？哪个面和它形状、大小都相同？左侧面呢？ （2）哪个面的长是 36 cm、宽是 10 cm？ 10 28 36 下面的长方体都是由棱长为 1 cm 的小正方体搭成的，它们的长、宽、高各是多少？ 长 = ____ cm 宽 = ____ cm 高 = ____ cm 长 = ____ cm 宽 = ____ cm 高 = ____ cm 长 = ____ cm 宽 = ____ cm 高 = ____ cm	练习题目
2	应用长方体表面积解决实际问题	（1）长方体表面积公式的推导过程； （2）一节长 120 厘米，宽和高都是 10 厘米的通风管，至少需要铁皮多少平方厘米？做 12 节这样的通风管呢？	访谈 练习题目
3	对长方体内容的综合运用能力	利用方格纸制作长方体。	动手操作， 观察制作过程

第四部分：反思与建议

在本单元主题教学中，学生经历了制作长方体、分析长方体与正方体的展开图、推导表面积公式，这样的一个教学过程，全程让学生通过自主的设计和制作，分析与思考来完成一个由二维到三维之间的转化。这一方面完善了学生对长方体特征的认识，且这种认识是学生自觉产生的，在制作中慢慢感悟的，承载着学生空间观念的发展。另一方面，学生对长方体的认识过程是学生在不断反思的过程中逐步变得深刻和全面的，在不断说理和证理的过程中，发展了学生的推理能力。

对教师而言，推理能力的培养需要我们深挖教材，尤其在一些看似不是十分明显的教学内容中都蕴涵着推理，就像我们今天所选的《长方体》单元，虽然它的重点是发展学生的空间观念，但其中也蕴涵着非常丰富的推理。这其实对教师提出了一个更高的要求，因为教材中关于“推理”的专项内容比较少，仅贯穿在整个数学学习过程中。它是数学发现的重要途径，也是帮助学生理解数学抽象性的有效工具。但与发展学生的数感、运算能力等其他数学核心素养相比，发展学生的推理能力可能更内隐一些。那么，我们怎么才能在平时的教学中将这些隐性的内容发掘出来呢？这就需要教师进一步加强理论学习，提高自身的专业素养，把握住关于推理及推理能力的核心思想，并将其内化到自己的教学实践当中，多领域、多途径地培养学生的推理能力。

此外，“推理”是一个重要的思维过程，我们意识到在培养学生推理能力的过程中，培养学生猜想的能力十分重要，要鼓励学生进行大胆的猜想。反思课堂，更多的是规定了孩子将要进行猜想的问题，先给学生一个问题，然后再指导孩子如何去解决这个问题，把思维起点设定在了对问题的解决上。而实际上，每个思维过程的开始应该是他进行这个思维活动的需求，也就是应该让学生主动提出想要解决的问题，主动去猜想。那么，这就需要我们老师在平时的教学中，有意识地培养学生主动提问的意识，要敢问、会问。比如这节课，学生在研究的过程中，主要还是在完成老师布置的任务，还是缺乏一个更加贴近现实的情境以激发学生主动进行猜想。因此培养学生的问题意识，鼓励学生自己主动进行猜想还是目前课堂中比较欠缺的地方。

最后，关于对学生推理能力的评价，可能相对要困难一些，因为小学阶段学生的推理活动更多的是在进行说理，它更多地呈现在学生的学习过程中，是伴随着学生的学习活动进行的。这就要求我们在教学中不能仅局限在教材中的一些素材，还应为学生的说理提供更丰富的素材，去注意孩子在解决这些问题时的表现并适时进行评价。需要注意的是在学生说理的过程中，孩子的表现各不相同，说理的角度也各不相同，我们在评价学生时也应从不同的角度对学生的表现进行评价。总之，我们在评价学生的推理能力时期望能有一个可量化、可测评、可操作的评价体系来帮助我们对学生说理过程中的条理性，严谨性等进行评判。这可能将是接下来研究的一个方向。

圆柱与圆锥

——六年级培养空间观念的课程与实践研究

第一部分：课程目标

一、教学目标

❶ 经历面的旋转、面的累加形成圆柱和圆锥的过程，体会面与体之间的关系，在参与数学活动中积累活动经验，丰富对现实空间的认识。

❷ 在表面积的学习中，多次经历展开与折叠的活动和制作圆柱圆锥的过程，理解认识圆柱上面、下面与侧面之间的关系，理解和认识圆锥侧面与底面的关系，为计算圆柱的表面积奠定基础，提高空间想象力，发展空间观念。

❸ 在体积的学习中，经历多次实验的活动，经历“猜想与验证”探索圆柱和圆锥体积的计算方法过程，掌握圆柱和圆锥体积的计算方法，体会“类比”的数学思想方法，发展空间观念。

❹ 在制作圆柱、圆锥及多面体的过程中，鼓励学生采用多种既科学又严谨的方法制作，培养学生解决问题的能力。在多次展开与折叠的过程中，体会面与体的关系，体验二维与三维空间相互转换关系，积累活动经验，发展空间观念。鼓励学生敢于克服困难、勇于挑战困难，培养学生坚韧的学习品质。

❺ 在创作立体图形的过程中，鼓励学生不断创新，力争制作的成品既美观又实用，从而培养学生合作交往能力与审美意识。在立体图形的制作、交流、评价中，培养学生的合作意识，提高学生的分析和

表达能力，发展学生的创新意识和推理能力。

二、评价目标

❶ 在形成圆柱和圆锥的过程中，关注学生在旋转不同图形时可以准确确定形成圆柱和圆锥的底面半径和高，从而认识圆柱和圆锥的底面半径和高。

❷ 在动手绘制圆柱表面的展开图及制作过程中，关注学生理解圆柱上下面与侧面之间的关系，并能够正确推导和计算圆柱的表面积。

❸ 在动手绘制圆柱表面的展开图及制作过程中，关注学生表达多种多样的推导计算方法，理解和认识圆锥侧面与底面的关系。

❹ 在圆柱体积的学习中，关注学生可以通过实验能够将圆柱形萝卜转化成长方体的过程，并能够通过推导得出圆柱的体积计算公式；也可以关注学生经历将圆柱形萝卜切成数个圆形，运用累加的积分思想猜想得到圆柱的体积计算公式。

第二部分：任务活动设计

（一）教材内容的学习

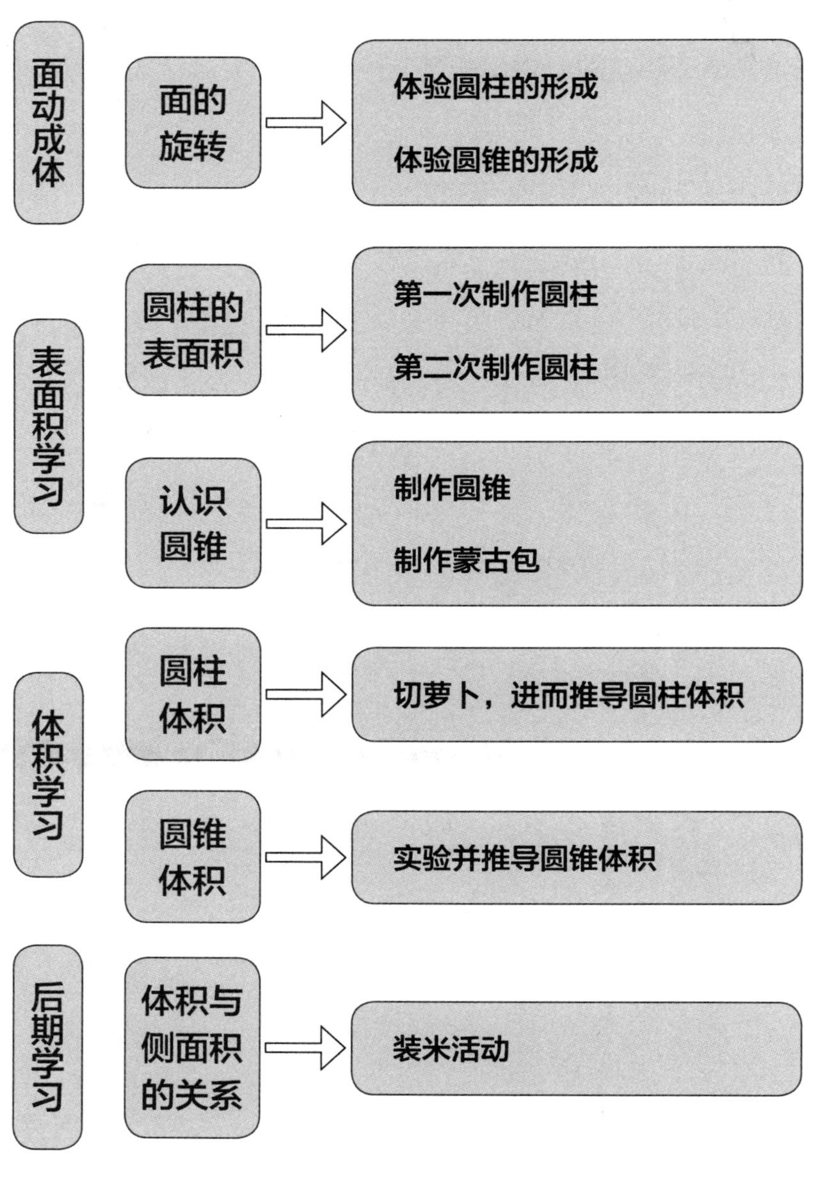

（二）延展内容的学习

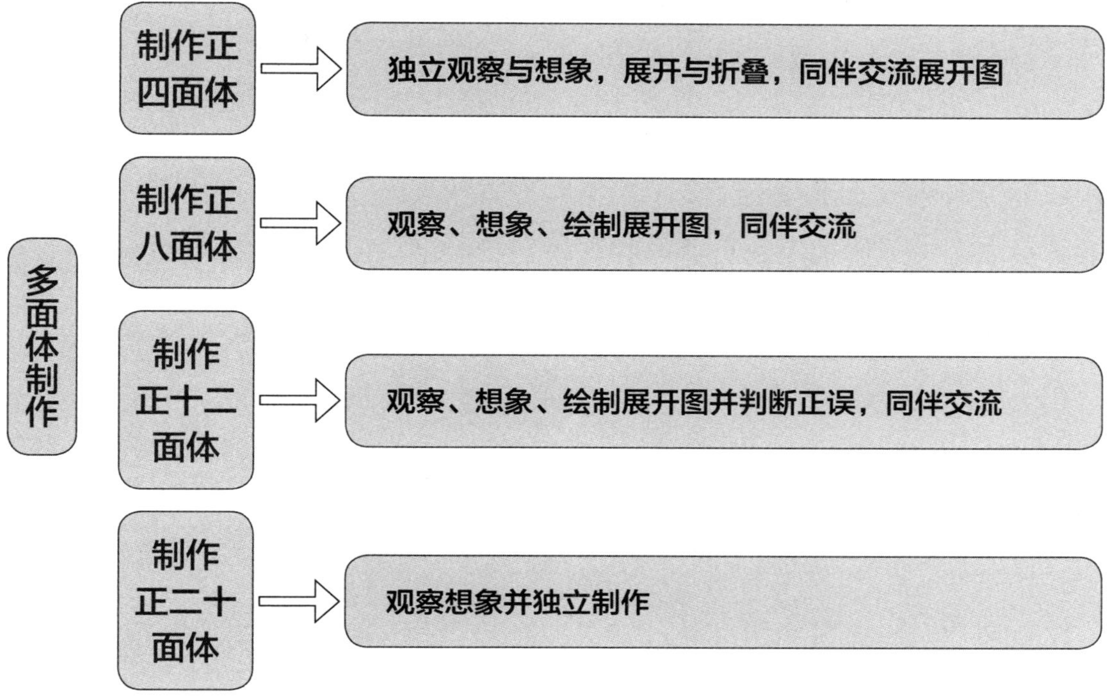

一、对课程主题的解读

本次把研究主题定位在“玩儿转”面与体，通过二维与三维的变幻，发展空间观念，具体来讲，就是要开展一系列复杂立体图形的制作活动。

六年级下册教材《圆柱和圆锥》课程是学生再次认识立体图形，发展空间观念的好素材。圆柱与圆锥的认识这部分内容隶属于图形与几何领域中图形的认识部分。

（一）教材梳理

1. 整体结构

“图形与几何”这一领域的内容共有 4 个分支，分别是图形的认识、测量、图形与变换、图形与位置。其中，“图形的认识”是主干知识的组成部分，它主要研究三维空间中常见图形的形状和特征、基本元素、基本性质以及图形之间的逻辑关系，这些内容是进一步学习图形的大小、位置和变换规律的基础。

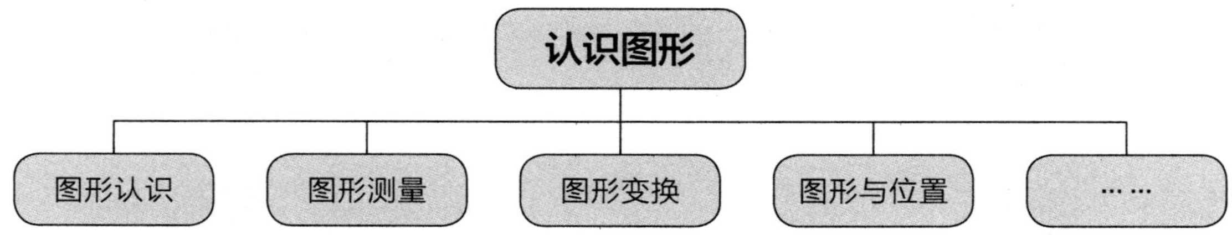

2. 对教材的纵向梳理

在认识图形的过程中学生在学习如何“刻画图形”的基础上，发展空间观念和推理能力。其结构特点是：

（1）认识图形从三维空间开始，从常见的基本图形开始。

纵观教材对这部分的编写体系，呈现出“立体—平面—立体”的发展脉络。无论是对图形外部形象的直观感知，建立表象，还是深入内部细致刻画（如观察并发现图形特征、具体研究其核心要素、进行表面积与体积的细致度量、关注面与体的相互转换，发现其内在联系等等），都是在引导学生从多维、多元、多角度不断丰富、完善，加深他们对图形的认识和理解。

（2）主线结构基本上是按从一维到二维再到三维的纵线来展开的。

在义务教育第一、第二学段，“图形的认识 " 这部分内容的纵向结构如下：

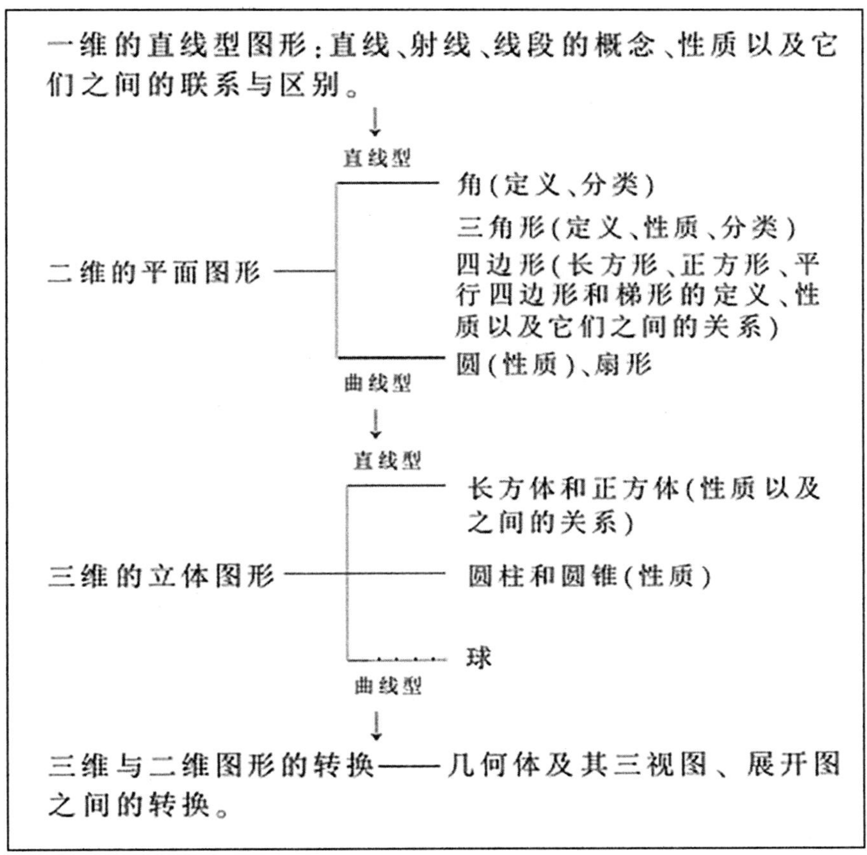

（3）二维的平面图形与三维的立体图形交错编排。

如五年级的时候先是对长方体和正方体进行学习，随后又学习了圆和扇形等知识，六年级学习圆柱和圆锥。

无论怎样编排，图形的认识最终都肩负了三个功能：刻画图形、帮助学生发展空间观念、有助于学生推理能力的发展。

首先对《立体图形的认识》进行纵向梳理。

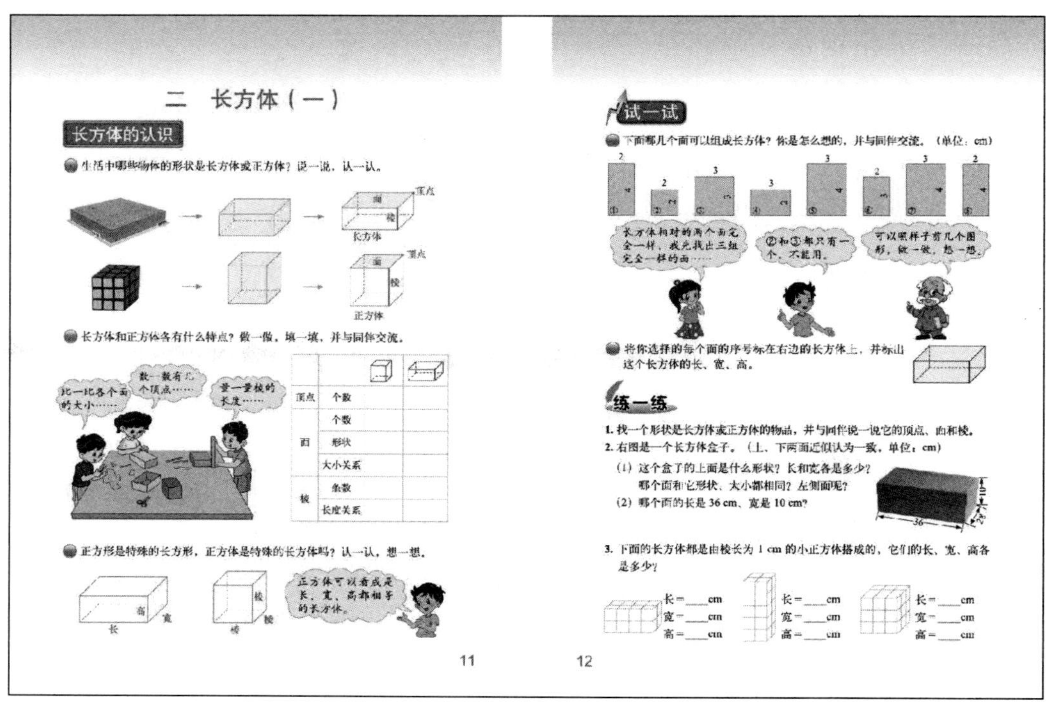

二　长方体（一）

长方体的认识

生活中哪些物体的形状是长方体或正方体？说一说，认一认。

面　棱　顶点　长方体

面　棱　顶点　正方体

长方体和正方体各有什么特点？做一做，填一填，并与同伴交流。

比一比各个面的大小……

数一数有几个顶点……

量一量棱的长度……

		正方体	长方体
顶点	个数		
面	个数		
	形状		
	大小关系		
棱	条数		
	长度关系		

正方形是特殊的长方形，正方体是特殊的长方体吗？认一认，想一想。

长　宽　高　　棱　棱　棱

正方体可以看成是长、宽、高都相等的长方体。

11

试一试

下面哪几个面可以组成长方体？你是怎么想的，并与同伴交流。（单位：cm）

长方体相对的两个面完全一样，我先找出三组完全一样的面……

②和③都只有一个，不能用。

可以照样子剪几个图形，做一做，想一想。

将你选择的每个面的序号标在右边的长方体上，并标出这个长方体的长、宽、高。

练一练

1. 找一个形状是长方体或正方体的物品，并与同伴说一说它的顶点、面和棱。

2. 右图是一个长方体盒子。（上、下两面近似认为一致，单位：cm）

（1）这个盒子的上面是什么形状？长和宽各是多少？哪个面和它形状、大小都相同？左侧面呢？

（2）哪个面的长是 36 cm、宽是 10 cm？

3. 下面的长方体都是由棱长为 1 cm 的小正方体搭成的，它们的长、宽、高各是多少？

长＝____cm　宽＝____cm　高＝____cm

长＝____cm　宽＝____cm　高＝____cm

长＝____cm　宽＝____cm　高＝____cm

12

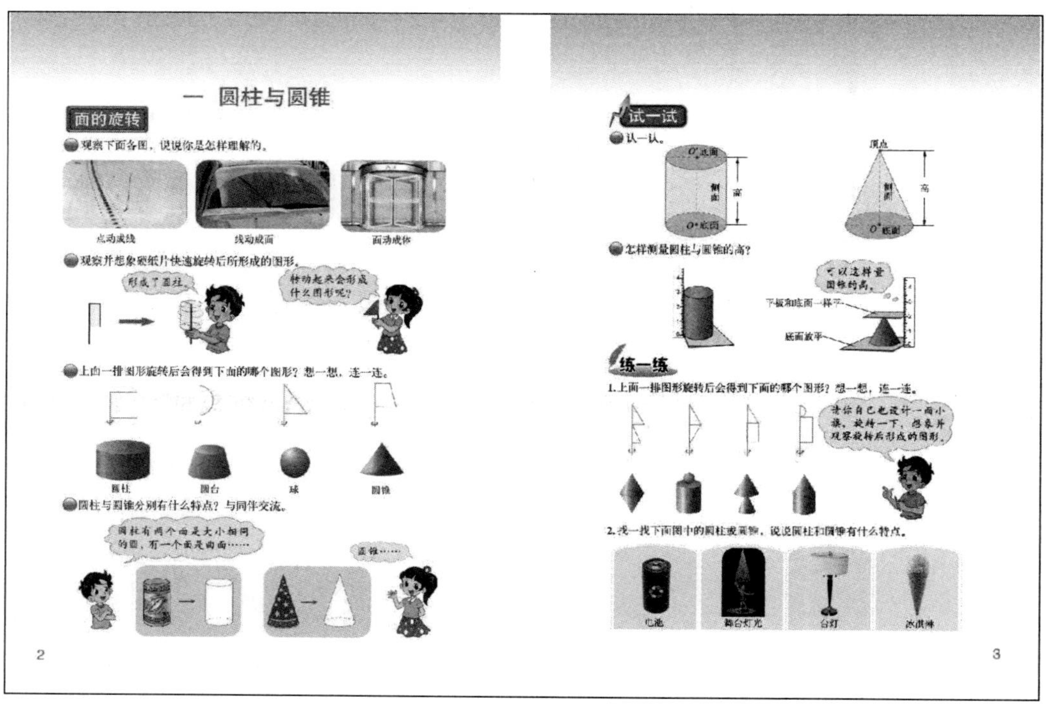

一　圆柱与圆锥

面的旋转

观察下面各图，说说你是怎样理解的。

点动成线　　线动成面　　面动成体

观察并想象硬纸片快速旋转后所形成的图形。

形成了圆柱。

转动起来会形成什么图形呢？

上面一排图形旋转后会得到下面的哪个图形？想一想，连一连。

圆柱　圆台　球　圆锥

圆柱与圆锥分别有什么特点？与同伴交流。

圆柱有两个面是大小相同的圆，有一个面是曲面……

圆锥……

2

试一试

认一认。

O' 底面　侧面　高　O 底面

顶点　侧面　高　O 底面

怎样测量圆柱与圆锥的高？

可以这样量圆锥的高。

下板和底面一样平

底面放平

练一练

1. 上面一排图形旋转后会得到下面的哪个图形？想一想，连一连。

请你自己也设计一面小旗，旋转一下，想象并观察旋转后形成的图形。

2. 找一找下面图中的圆柱或圆锥，说说圆柱和圆锥有什么特点。

电池　舞台灯光　台灯　冰淇淋

3

五年级对于长正方体的认识和六年级对于圆柱圆锥的认识，相同点都是由生活实物出发过渡到几何图形，不同点是由平面过度到曲面，由静态抽象到动态生成的过程。

具体来说，长方体的概念是由六个长方形（特殊情况有两个相对的面是正方形）围成的立体图形叫长方体。正方体也是特殊的长方体。

由六个长方形围成的封闭立体图形叫做长方体，长方体的任意一个面的对面都与它完全相同。

相比较而言，圆柱体的认识角度有所不同，圆柱体是旋转体，是从动态角度出发认识的，概念也更丰富一些。

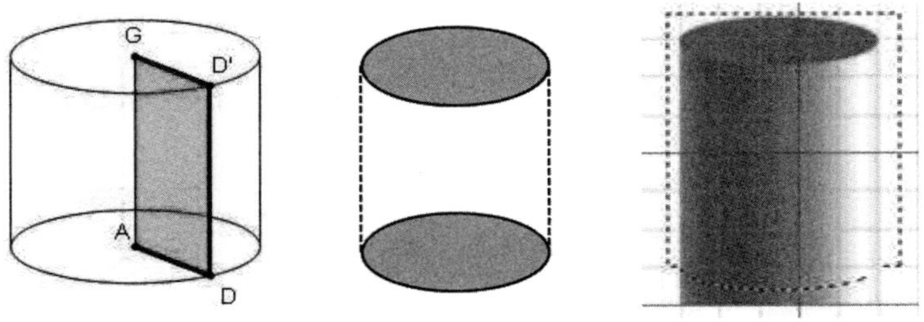

（1）旋转定义：以矩形的一边所在直线为旋转轴，其余三边旋转形成的面所围成的旋转体叫作圆柱体。

（2）平移定义：以一个圆为底面，上或下移动一定的距离，所经过的空间叫做圆柱体。

（3）概念定义：在同一个平面内有一条定直线和一条动线，当这个平面绕着这条定直线旋转一周时，这条动线所成的面叫做旋转面，这条定直线叫做旋转面的轴，这条动线叫做旋转面的母线。如果用垂直于轴的两个平面去截圆柱面，那么两个截面和圆柱面所围成的几何体叫做直圆柱，简称圆柱。

接下来，对《展开与折叠》进行了纵向梳理。

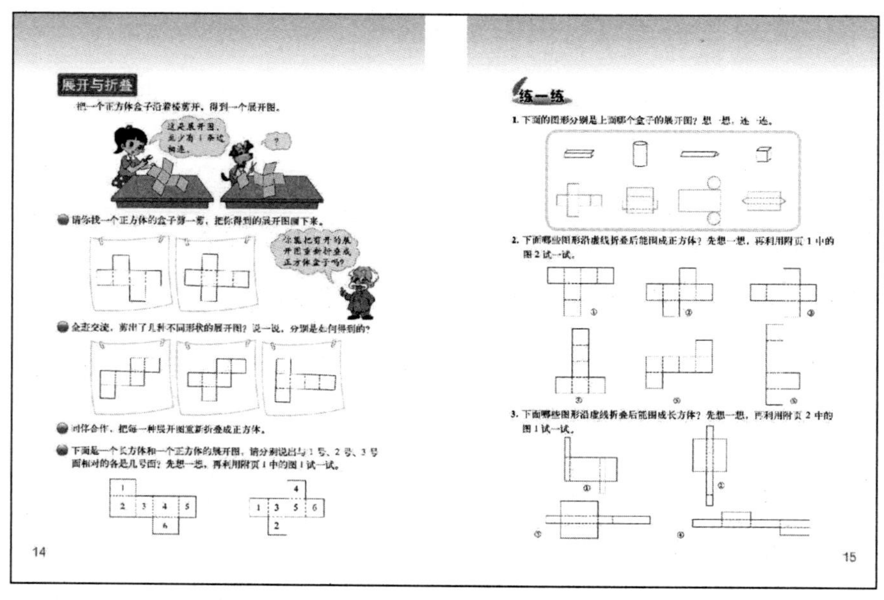
展开与折叠

把一个正方体盒子沿着棱剪开，得到一个展开图。

● 请你找一个正方体的盒子剪一剪，把你得到的展开图画下来。

● 全班交流，剪出了几种不同形状的展开图？说一说，分别是如何得到的？

● 同伴合作，把每一种展开图重新折叠成正方体。

● 下面是一个长方体和一个正方体的展开图，请分别说出与1号、2号、3号面相对的各是几号面？先想一想，再利用附页1中的图1试一试。

14

练一练

1. 下面的图形分别是上面哪个盒子的展开图？想一想，连一连。

2. 下面哪些图形沿虚线折叠后能围成正方体？先想一想，再利用附页1中的图2试一试。

3. 下面哪些图形沿虚线折叠后能围成长方体？先想一想，再利用附页2中的图1试一试。

15

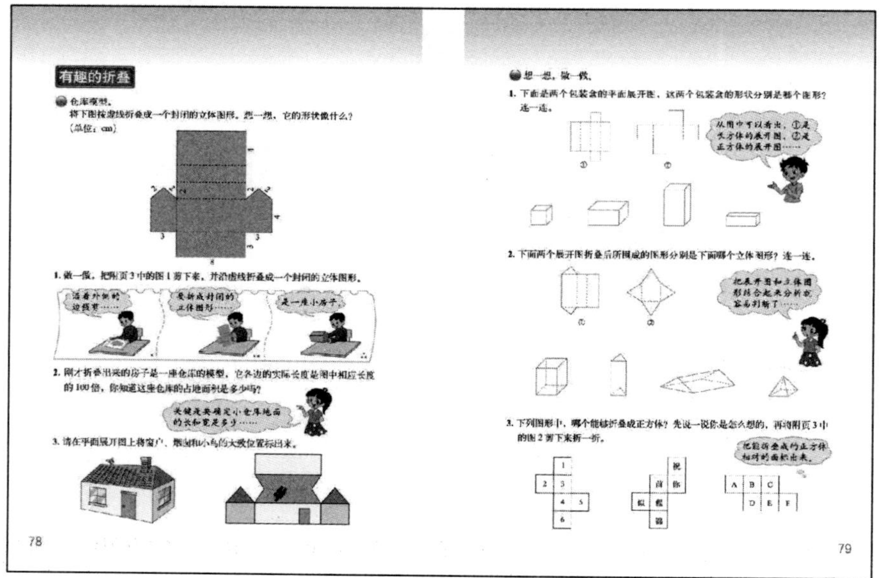
有趣的折叠

● 仓库模型。

将下图按虚线折叠成一个封闭的立体图形。想一想，它的形状像什么？（单位：cm）

1. 做一做，把附页3中的图1剪下来，并沿虚线折叠成一个封闭的立体图形。

2. 刚才折叠出来的房子是一座仓库的模型，它各边的实际长度是图中相应长度的100倍，你知道这座仓库的占地面积是多少吗？

3. 请在平面展开图上将窗户、烟囱和小鸟的大致位置标出来。

78

● 想一想，做一做。

1. 下面是两个包装盒的平面展开图，这两个包装盒的形状分别是哪个图形？连一连。

2. 下面两个展开图折叠后所围成的图形分别是下面哪个立体图形？连一连。

3. 下列图形中，哪个能够折叠成正方体？先说一说你是怎么想的，再将附页3中的图2剪下来折一折。

79

六年级下册对于展开与折叠没有单独讲，只在教材中有所涉及，并未做其他要求。

对于正多面体的学习六年级下册对其做了一个补充，要求不止能正确判断，还能想象制作。

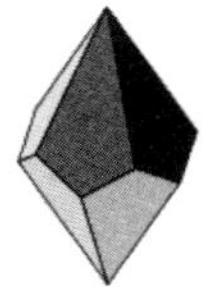 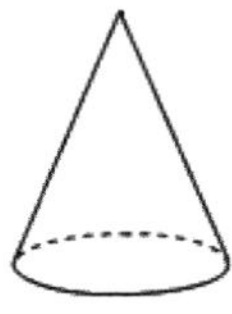 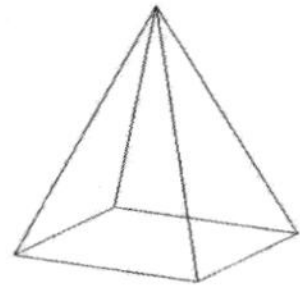 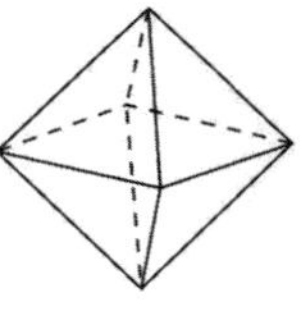 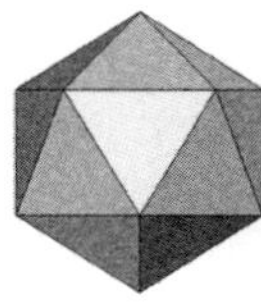 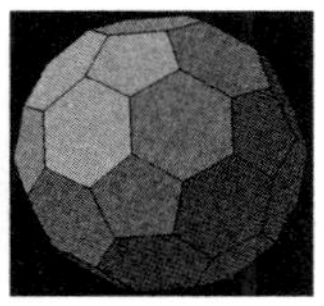

4. 对教材的横向梳理

首先，对立体图形的认识进行了横向对比。

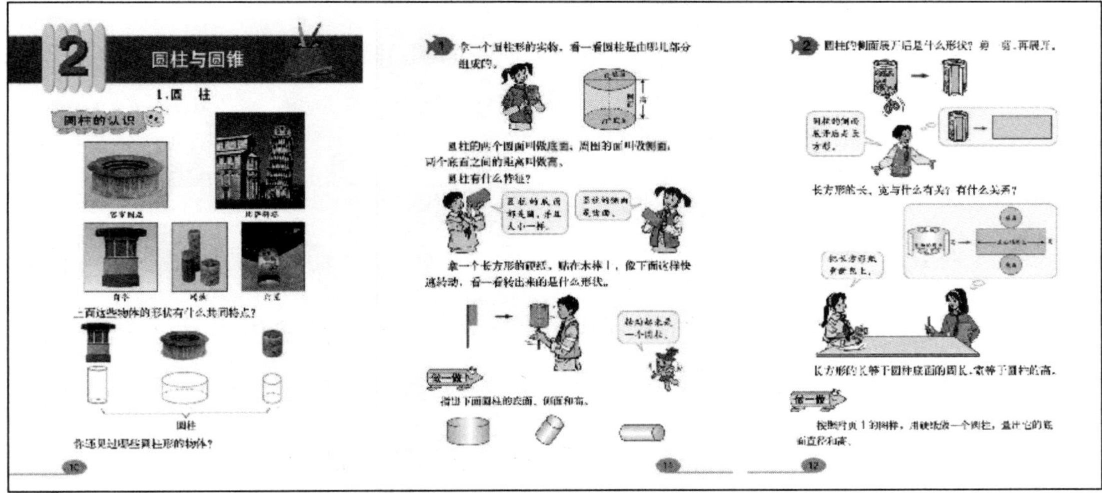

2 圆柱与圆锥

1.圆 柱

圆柱的认识

上面这些物体的形状有什么共同特点?

圆柱

你还见过哪些圆柱形的物体?

10

1 拿一个圆柱形的实物，看一看圆柱是由哪几部分组成的。

圆柱的两个圆面叫做底面，周围的面叫做侧面。两个底面之间的距离叫做高。

圆柱有什么特征?

拿一个长方形的硬纸，贴在木棒上，像下面这样快速转动，看一看转出来的是什么形状。

做一做

指出下面圆柱的底面、侧面和高。

11

2 圆柱的侧面展开后是什么形状？剪一剪，再展开。

长方形的长、宽与什么有关？有什么关系？

长方形的长等于圆柱底面的周长，宽等于圆柱的高。

做一做

按照附页1剪图样，用硬纸做一个圆柱，量出它的底面直径和高。

12

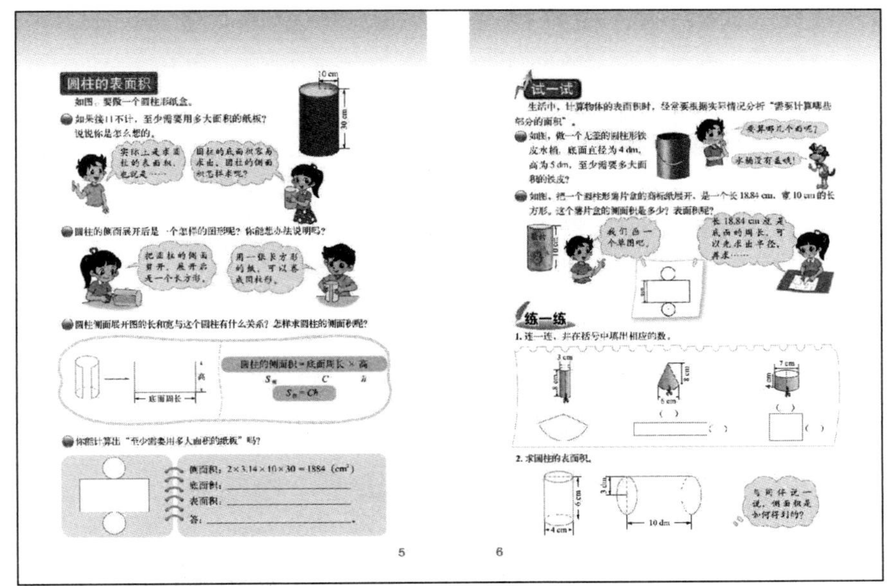

圆柱的表面积

如图，要做一个圆柱形纸盒。

如果接口不计，至少需要用多大面积的纸板？说说你是怎么想的。

圆柱的侧面展开后是一个怎样的图形呢？你能想办法说明吗？

圆柱侧面展开图的长和宽与这个圆柱有什么关系？怎样求圆柱的侧面积呢？

圆柱的侧面积＝底面周长×高

$S_{侧} = Ch$

你能计算出“至少需要用多大面积的纸板”吗？

侧面积：$2\times3.14\times10\times30=1884\ (cm^2)$

底面积：

表面积：

答：

5

试一试

生活中，计算物体的表面积时，经常要根据实际情况分析“需要计算哪些部分的面积”。

如图，做一个无盖的圆柱形铁皮水桶，底面直径为4 dm，高为5 dm，至少需要多大面积的铁皮?

如图，把一个圆柱形薯片盒的商标纸展开，是一个长18.84 cm，宽10 cm的长方形。这个薯片盒的侧面积是多少？表面积呢?

练一练

1. 连一连，并在括号中填出相应的数。

2. 求圆柱的表面积。

6

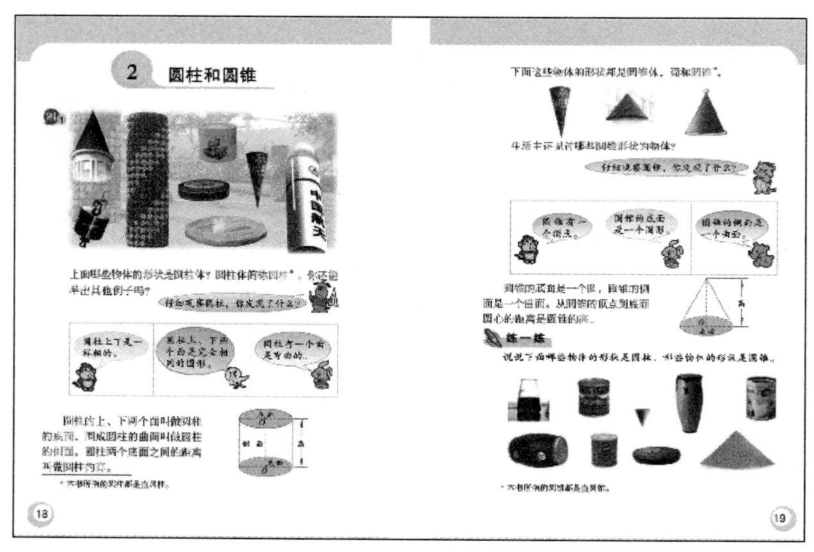

2 圆柱和圆锥

上面哪些物体的形状是圆柱体？圆柱体简称圆柱*。你还能举出其他例子吗？

仔细观察圆柱，你发现了什么？

圆柱上下是一样粗的。

圆柱上、下两个面是完全相同的圆形。

圆柱有一个面是弯曲的。

圆柱的上、下两个面叫做圆柱的底面。围成圆柱的曲面叫做圆柱的侧面。圆柱两个底面之间的距离叫做圆柱的高。

* 本书所说的圆柱都是直圆柱。

18

下面这些物体的形状都是圆锥体，简称圆锥*。

生活中还见过哪些圆锥形状的物体？

仔细观察圆锥，你发现了什么？

圆锥有一个顶点。

圆锥的底面是一个圆形。

圆锥的侧面是一个曲面。

圆锥的底面是一个圆，圆锥的侧面是一个曲面。从圆锥的顶点到底面圆心的距离是圆锥的高。

练一练

说说下面哪些物体的形状是圆柱，哪些物体的形状是圆锥。

* 本书所说的圆锥都是直圆锥。

19

通过对比，我们发现，不论是人教版、北师版、还是苏教版对于《圆柱与圆锥》这部分课程的认识都有是相似的，都是从动态的角度认识圆柱与圆锥。但是对于六年级下册《展开与折叠》部分的认识是空白的，因此也给了我们继续深入思考和发展的空间、能否从认识图形的角度出发，实现立体图形的认识从能正确判断到能想象制作。

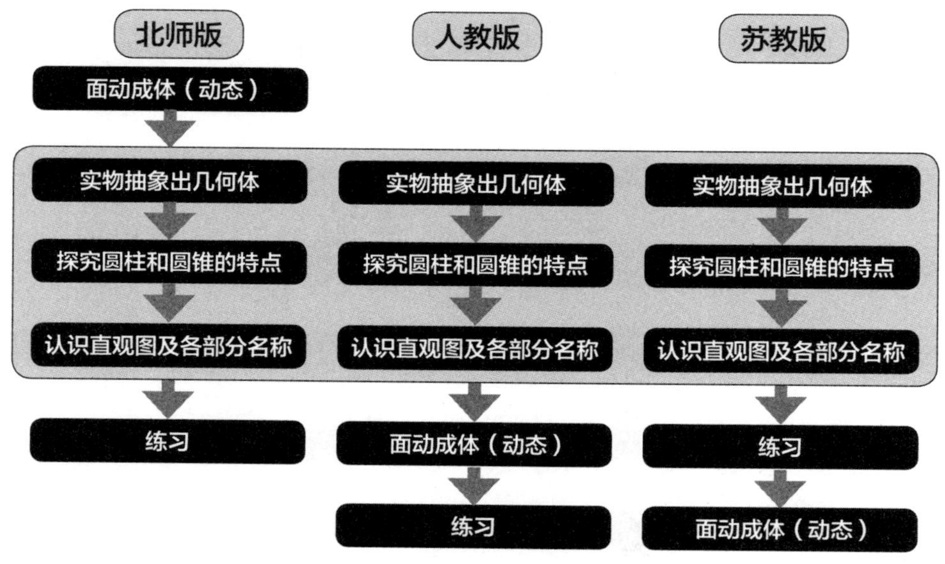

基于以上的认识，对教材有如下几点思考：

1. 从图形认识的角度，圆柱、圆锥的学习要激发学生多角度认识与观察，如展开图、旋转、截面、与长方体的联系等，多角度沟通“面”与“体”。

2. 从教学方式的角度，通过生活经验的回忆、实物观察、动手操作、想象、描述和表示、联想、模拟、分析和推理等途径，让学生感知和体验空间与图形的现实意义，初步体验二维与三维相互转换关系，逐步发展空间观念。

3. 从实践活动的角度，展开与折叠实践活动可分层进行，老师指导学生观察方法，给予学生充分的想象时间和空间，提示制作的技巧，展开与折叠交替进行，挑战学生的空间想象。

（二）学生调研

第一类调研：做立体图形的兴趣和需求

对于已经学习图形近六年的学生，面向立体图形这一单元，他们还有哪些学习需求？他们的兴趣点在哪里？我们分别做了前测和后测。

第一次学前调研

1. 调研题目：对于《圆柱与圆锥》的学习，你对哪些方面感兴趣？你最想研究什么内容？如果做实践活动，你希望做哪些方面的实践活动？

2. 调研结果：

我的设想：用不同方法证明或推导圆柱，圆锥，体积公式。	我想研究生活中圆柱与圆锥的相同点以及不同点，把研究的物体与想法写或画下来。	自己设计平面图案后旋转，看看转出的立体图案是什么样的。

3. 调研分析：学生对于知识性的内容比较关注，如：为什么等底等高圆

锥是圆柱体积的三分之一。对于实践活动大多都想做一些沙漏、教具等单个的图形，内容单一且分散。

第二次学后调研

1. 调研题目：对于《圆柱与圆锥》的学习，你对哪些方面感兴趣？你还想研究什么内容？如果做实践活动，你希望做哪些方面的实践活动？

2. 调研结果：

1. 圆锥的表面积怎么求？
2. 用圆锥和圆柱做一个模型？

1. 我想再了解一下圆球体的体积。
2. 我想要的实践活动是自己切出一个圆球（如果可能）。
3. 做一个城堡模型。
4. 做一个车模……

3. 调研分析：经过一个单元的学习，学生依然对圆锥的表面积、等底等高圆锥和圆柱的表面积之间有什么关系比较感兴趣。对于实践活动，他们不再局限于制作一个立体模型，而是有想法利用多个立体图形拼搭立体模型。

第二类调研：制作立体图形的学生困难

空间观念是指二维图形与三维图形相互转换的能力，即，几何体与三视图、平面展开图之间的相互转换。六年级学生已经经历了全部平面图形的学习，长方体和正方体的平面展开图的学习，再学习现在的《圆柱与圆锥》，他们能否把五年级的知识迁移过来？他们还会有哪些困难？为此，我们进行了下面的调研。

对长方体制作的调研

学生是否还能正确画出长方体的平面展开图，长方体的知识对于新的学习是否有一些迁移呢？

1. 调研题目：如果做一个长 10 厘米，宽 5 厘米，高 6 厘米的长方体，你能画出它的展开图吗？（请在展开图上标明数据）

2. 调研结果：

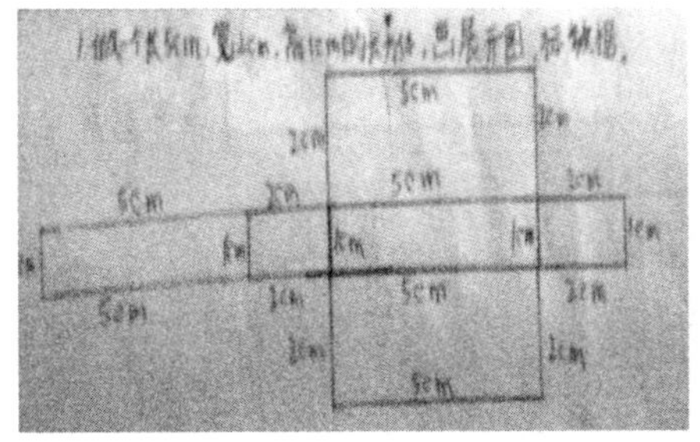
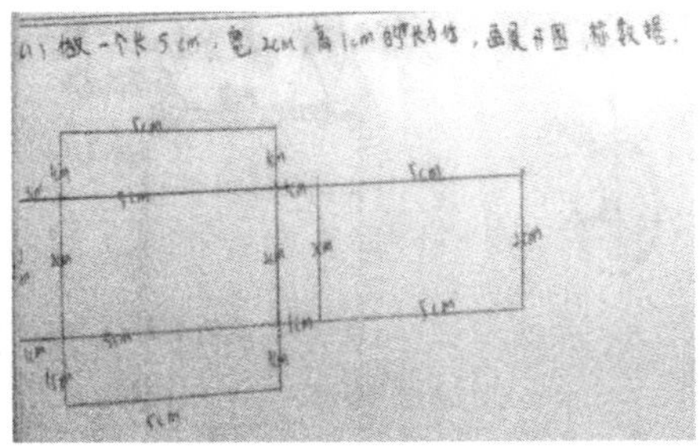

3. 调研分析：

100% 的学生能够准确地画出长方体的平面展开图。

对圆柱、圆锥以及多面体制作的困难

长方体的知识对将要学习的圆柱和圆锥有哪些迁移呢？

通过对长方体的回顾，学生再去想象圆柱和圆锥的平面展开图都比较容易，100% 的学生能够从上、中、下三个角度分别去观察圆柱和圆锥，并能准确地画出圆柱和圆锥的平面展开图的形状。只有一个学生做出的圆柱，圆形与长方形的长（或宽）数据不一致。通过第一课时《圆柱的认识》的学习后，她的困难也解决了。

制作稍复杂的正八面体的展开图

1. 调查问卷部分

（1）访谈题目：你在画多面体（正八面体、正二十面体等）时，你存在哪些困惑？

（2）调研结果：通过调研，我们把学生的困难归为下面几类。

第一类：想象方面的困难：

A 思路混乱： ① 没有现实的模型，无法想象展开图。

② 复杂的立体图形面数和形状怎样想象？

B 不会观察： ① 一个立体图形需要多少个面？

② 在想一个立体图形时，应该先想象哪个面？

③ 立体图形的展开图有什么规律吗？

④ 怎样画展开图，才能使粘贴边最少？

第二类：制作方面的困难：① 最后一个面不好粘贴怎么办？

② 怎样粘贴更结实？不容易开裂？

2. 个别访谈部分

从上面的调研结果分析，较多困难的原因就是学生拿到一个立体图形后不知道怎样观察，为此，我们以正八面体为例访谈了 10 名学生，通过访谈研究他们从哪些角度观察正八面体并试图发现他们观察的困难点。

（1）访谈题目：（拿出一个正八面体）如果画出这个立体图形的平面展开图，你打算怎样画？你是怎么观察的？

（2）访谈结果：

不同的观察角度	八个面分散的，没有关注怎样连接	找一个中心点	上下层看成一个整体	上下层分开看
学生作品及人数	3 人 ①需要考虑一个面的图形	1 人	1 人 有 4 组	5 人

（3）结果分析：

从访谈的10人中，可以看出，有30%的学生不能正确画出正八面体的展开图，他们思考和观察立体图形的角度比较单一。70%的学生能够把正八面体分为几部分来看（即上下两部分）。

第三类调研：有效的教学策略

1. 教会学生观察

任何制作的前提都要学会观察。首先要提供给学生一个立体模型，让学生有据可依。教师引发学生把分散的几个面联系在一起观察，可以一行一行地看，也可以一列一列地看，也可以找到一个公共点，由公共点引发相连接的几个图形。

对于无从下手的学生，可以从长方体的展开图启发，让学生分层考虑，然后再考虑公共点和公共边，使粘贴的边数最少。

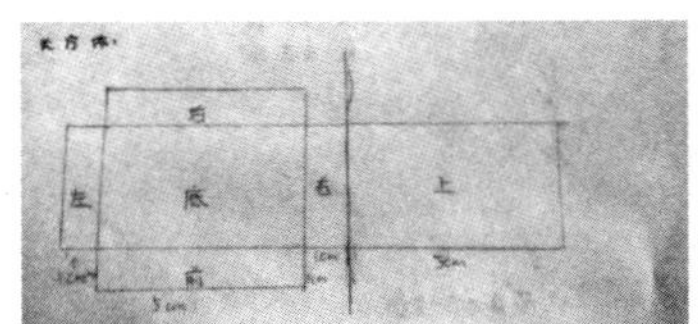

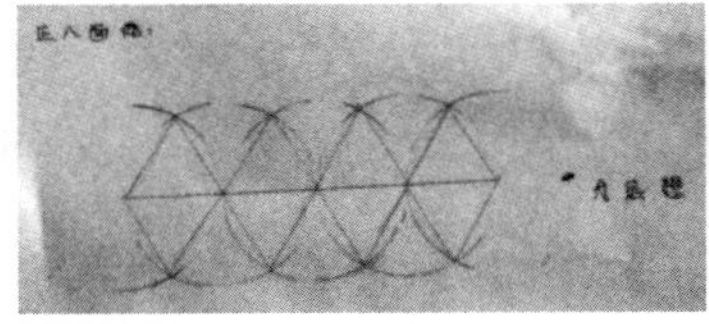
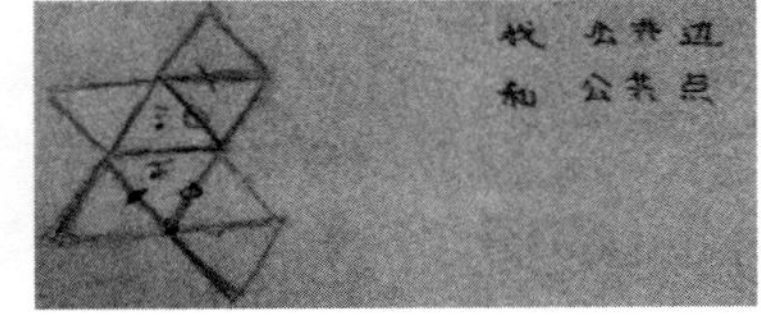

2. 创新一个立体图形的步骤

想象出一个立体图形—从一种角度去观察—绘制平面图—制作完成。

3. 提供必要的学具

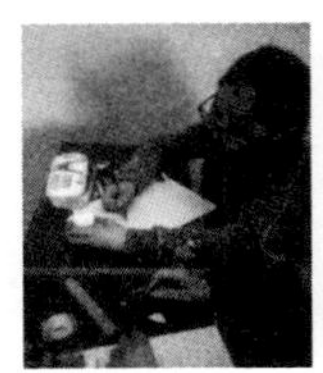

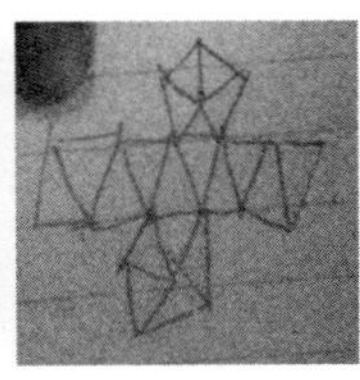
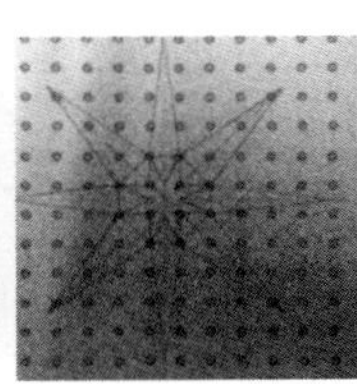
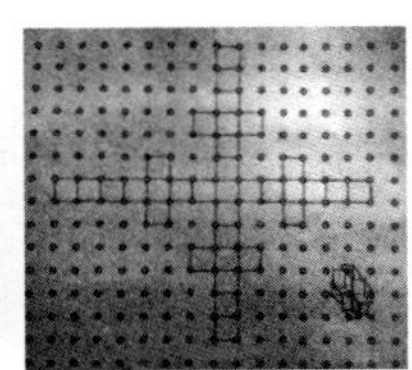

二、任务活动设计及学生表现

教材内容

（一）面动成体

第一课时：面的旋转

活动一：体验圆柱的形成——认识圆柱的各部分名称

活动要求：怎样能够得到圆柱呢？用自己的方法试着做一做。

1. 用纸制作圆柱（两个圆形和一个侧面）

（1）提问：说说你是怎样做成圆柱的？

小结：圆柱由三个面形成，上下两个面都是一样大小的圆形，侧面为长方形。

（2）提问：侧面的长方形与圆形有什么关系吗？

小结：圆柱不仅由三个面组成，上下底面圆的周长要与长方形的长相等。

2. 运动形成圆柱

（1）累加形成圆柱

相等大小的圆堆积成圆柱，数量越多，圆柱越高；圆形越大，圆柱的底面积越大，圆柱越粗。

（2）旋转形成圆柱

用长方形旋转，长方形的运动轨迹形成圆柱。

提问：你能在图上的圆柱里找到旋转的长方形吗？

方法 1：以长方形的长为轴，宽为半径，形成圆柱。

方法 2：以长方形的宽为轴，长为半径，形成圆柱。

方法 3：以长方形的长或宽任意一点垂直距离为轴旋转。

在三种不同旋转的方式中，学生们可以充分认识圆柱上下底面的圆心、半径及圆柱的高。

小结：通过自己制作圆柱，学生们认识了圆柱由三个面形成，上下两个面都是一样大小的圆形，侧面为长方形；上下底面圆的周长要与长方形的长相等。通过旋转，我们认识了圆柱上下底面的圆心和半径，以及圆柱有无数条高。

活动二：体验圆锥的形成——认识圆锥的各部分名称

要求：你能照着研究圆柱的方法研究圆锥吗？并回答以下几个问题。

1. 通过什么样的方法能够得到圆锥？

2. 圆锥有哪几个面？分别是什么？面与面之间有什么关系？

3. 你能找到圆锥的高吗？圆锥有几条高？怎样测量呢？

（二）表面积的学习

第二课时：圆柱的认识

在没正式学习之前，教师结合课内学习圆柱和圆锥的同时，让学生尝试画展开图，并独立制作圆柱和圆锥。组织进行第一次活动。

活动要求：请自己做一个圆柱和一个圆锥。

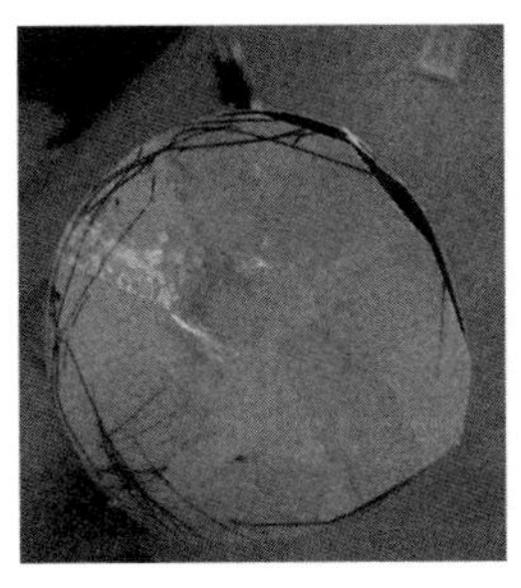

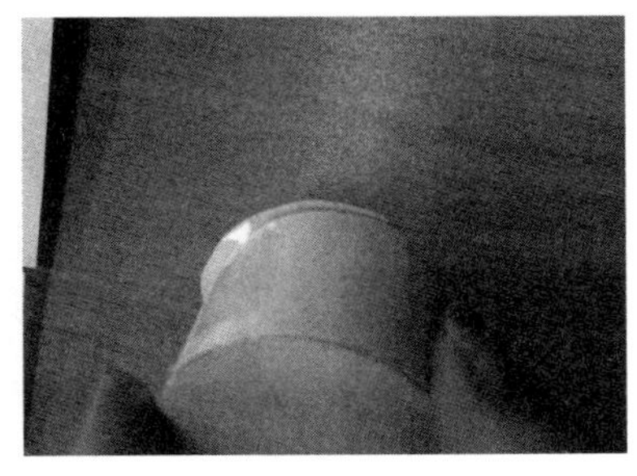

在制作过程中出现比较大的两个问题：圆柱或圆锥的侧面与底边对不上，

没关注到侧面与底面之间的关系，只考虑侧面和底面的形状分别是什么样的；制作时，粘贴处有较大的缝隙，没有留边，粘贴不美观。

因此，在学习完圆柱与圆锥后，我们又组织了第二次活动。

第三课时：圆柱的认识

知识基础：学习完圆柱，发现圆柱的底面圆的周长 = 圆柱侧面长方形的长。

活动要求：思考讨论如何画圆柱（先画圆再画长方形）、圆锥的展开图，完成报告单。

活动反馈：发现学生在画展开图时能够考虑到侧面与底面的关系，并能够适当留边，制作成品也更加精确美观。

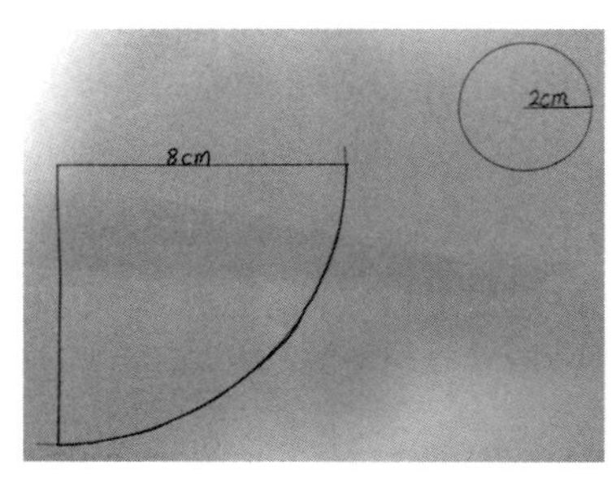

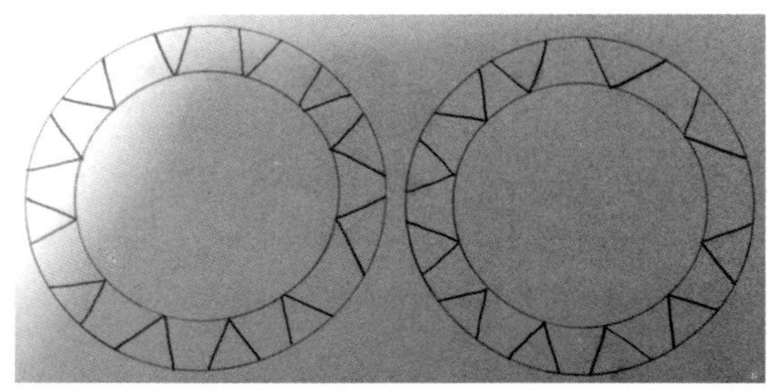

在学习完圆柱后，学生发现圆柱的底面圆的周长 = 圆柱侧面长方形的长，学生在讨论画展开图的时候关注到了它们之间的关系，且能发现在画圆柱展开图时，先画底面的圆再画侧面长方形会更准确。

第四课时：圆锥的认识

活动要求：思考讨论如何画圆锥（先画圆再画扇形）的展开图，完成报告单。

活动反馈：发现学生在画展开图时能够考虑到侧面与底面的关系，并能够适当留边，制作成品也更加精确美观。

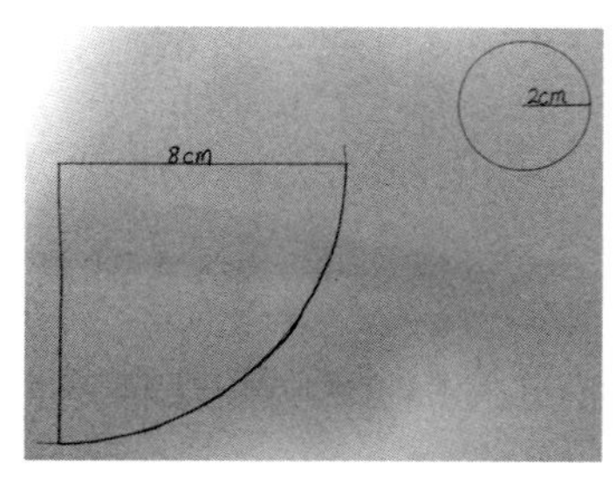

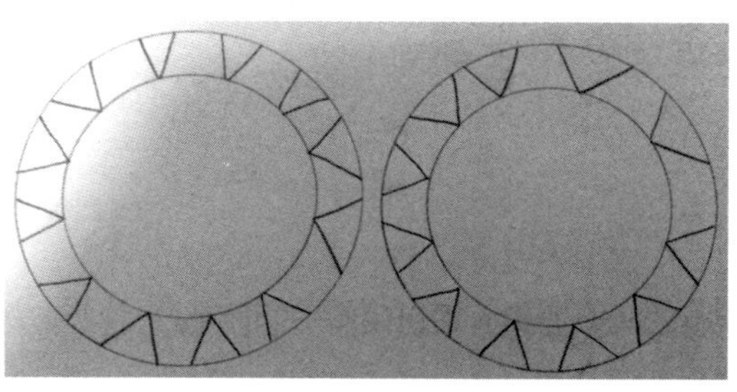

在学习完圆锥后，学生发现圆锥的底面圆的周长 = 圆锥侧面扇形的周长，学生在讨论画展开图的时候关注到了它们之间的关系，且能发现在画圆锥展开图时，先画底面的圆再画侧面扇刷更准确。圆锥的展开图虽然书上不作要求，但是学生也能从多个角度去考虑制作。

可以假设侧面圆为$\frac{1}{2}$圆，r=5cm，$C_{\frac{1}{2}圆}=5\pi$，
因而底面圆周长为5π
推理可知底面圆半径
$r=\frac{C}{2\pi}=\frac{5\pi}{2\pi}=2.5cm$。
由此可制作圆锥的侧面和底面。

从底面圆入手考虑

假设底面圆半径为5cm，
$C_o=2\pi r=10\pi cm$
那么侧面扇形弧长$10\pi cm$
再假设侧面为$\frac{3}{4}$圆
$\frac{3}{4}C_{侧圆}=10\pi$
$\frac{3}{4}\times2\pi r=10\pi$
$r=\frac{20}{3}$
所以，侧面$r=\frac{20}{3}cm$，做$\frac{3}{4}$圆
也可以假设侧面为$\frac{1}{2}$圆，$\frac{1}{4}$圆，$\frac{1}{8}$圆……

从侧面圆入手考虑

已知 4 5 3（也可成比例放大或缩小）
以这个三角形旋转可得到圆锥
因此，圆锥底面$r=3cm$，$h=4cm$，$C_o=2\pi r=18.84cm$
圆锥侧面$r=5cm$
圆锥侧面为（扇形）
扇形角度：$\frac{n°}{360°}\times2\pi\times5=18.84$
$n°=216°$
因而可以画出侧面扇形和底面圆

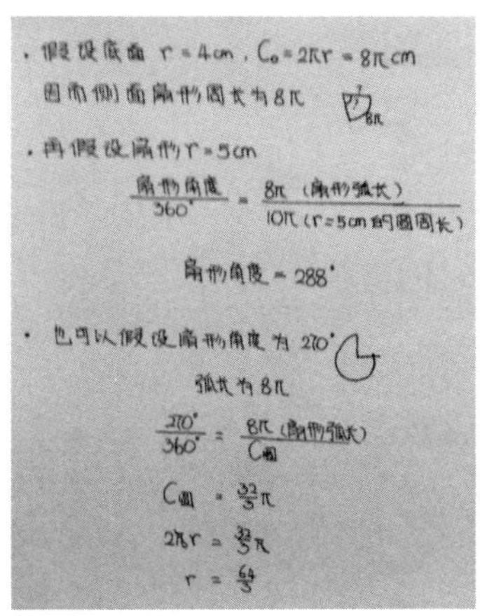
·假设底面$r=4cm$，$C_o=2\pi r=8\pi cm$
因而侧面扇形周长为8π　8π
·再假设扇形$r=5cm$
$\frac{扇形角度}{360°}=\frac{8\pi（扇形弧长）}{10\pi（r=5cm的圆周长）}$
扇形角度=288°
·也可以假设扇形角度为270°
弧长为8π
$\frac{270°}{360°}=\frac{8\pi（扇形弧长）}{C_圆}$
$C_圆=\frac{32}{3}\pi$
$2\pi r=\frac{32}{3}\pi$
$r=\frac{16}{3}$

从侧面扇形的角度入手考虑

第五课时：制作蒙古包

知识基础：学生已能够利用图形之间的关系较为准确地按要求画出圆柱和圆锥的平面图。

活动要求：（规定 r 和 h）做半径为 3cm、高为 5cm 的同底等高的圆柱和圆锥。

先分别画出平面展开图再做立体图形（先做圆锥再做圆柱更容易，为后面学习圆锥体积做准备）。

活动反馈：充分进行平面展开图与立体图之间的转换。

（三）体积学习

第六课时：圆柱体积

活动一：猜想圆柱的体积

出示：圆柱形的萝卜，占多大空间？

提问：什么是体积？以前学过哪些立体图形的体积？怎么得到长方体和正方体的体积（底面积 × 高）？体积用什么单位描述它？

1. 方法一：积分思想，面动成体。

圆柱的体积 = 底面积 × 高

2. 方法二：转化思想，转化成长方体。

圆柱的体积→长方体的体积 = 长 × 宽 × 高（长 × 宽就是底面积）

活动二：验证圆柱的体积

1. 切萝卜把圆柱变成长方体。

2. 说说变成长方体后，长、宽、高是圆柱的哪部分？

长方体的体积 = 长 × 宽 × 高

圆柱的体积 = π ×r×r×h

3. 提问：转化成长方体，什么变了？什么没变？

第七课时：圆锥的体积

1. 与等底等高圆柱体比，猜想圆锥的体积：二分之一圆柱体积？三分之一圆柱体积？

2. 如何证明你的猜测？

（1）实验：倒水实验，倒沙子。

（2）证明。

3.（1）用圆柱形的橡皮泥变成等底圆锥，高会怎样？

（2）用圆柱形的橡皮泥变成等高圆锥，底面积会怎样？

（四）后期学习

第八课时：圆柱侧面积与体积的关系

1. 出示任务：一张长 24 厘米，宽 6 厘米长方形的纸，怎样围能装下一瓶 340 立方厘米的大米呢？

2. 任务单：

形状	数据（底面半径，面积和高）	能否装下

形状	数据（底面半径，面积和高）	能否装下

3. 小组活动装米

（1）直接以长或宽为底面周长，直接围成圆柱或长方体，发现不行。

（2）把长方体拆开，再次围起来。

4. 全班交流

（1）提问：出示各种围法并粘在黑板上，大家交流，先判断哪个肯定不行并说清道理。

（2）动手试一试为什么不行。

（3）讨论，最后一个为什么可能行？

A. 底面半径扩大，面积扩大平方倍，底面积大了，可能行。

B. 亲自算一算体积。

5. 提问：通过这次实验，你发现了什么？

小结：当圆柱的侧面积相等时，底面积越大，圆柱的体积就越大。

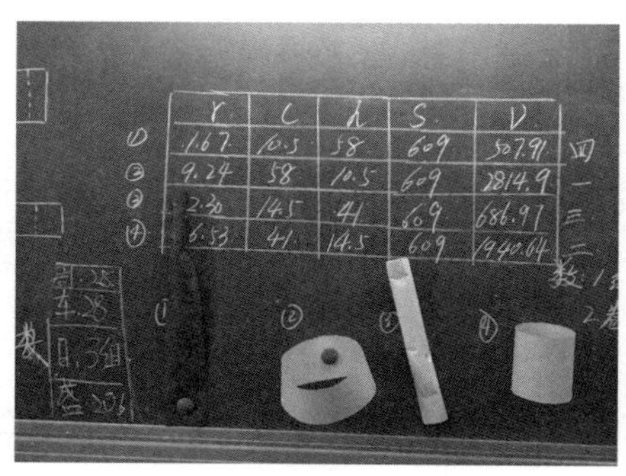

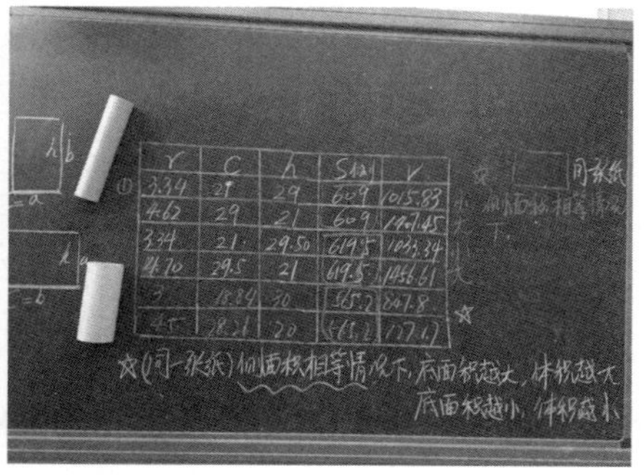

【延展内容】

空间观念——制作多面体

多面体是指四个或四个以上多边形所围成的立体。它有三个相关的定义，在传统意义上，它是一个三维的多胞形，而在更新的意义上它是任何维度的多胞形的有界或无界推广。将后者进一步一般化，就得到拓扑多面体。多面体可以有无数，但正多面体只有正四面体、正六面体、正八面体、正十二面体、正二十面体五种。多面体包住三维空间的一块有界体，有时内部的体也视为多面体的一部分。多面体要素的示例包括带纹理的建筑物、灯柱、树、子表面地层、地下建筑物或某种类型的分析表面。

教学目标：

1. 在多次展开与折叠的过程，体验圆柱、圆锥等图形展开与折叠之间的关系，加深对多面体的认识。

2. 通过立体图形的多次展开与折叠、多次反思与制作的过程，体会面与体的关系，体验二维与三维空间相互转换关系，积累活动经验，发展空间观念。

3. 在立体图形的制作、交流、评价中，培养学生的合作意识，提高学生的分析和表达能力，发展学生的创新意识和推理能力。

（一）多面体的独立制作

正八面体、正十二面体、正二十面体可以分别在教学中实施，指导制作步骤分为以下几个部分：先指导学生学会观察 → 想象、讨论展开图 → 尝试制作找问题 → 再次制作，这样的四个步骤逐步帮助学生学会观察、开发空间想象力、提高动手制作的能力。

以正八面体的制作为例

活动一：欣赏正多面体，激发兴趣

提问：大家以前做过正方体和长方体吗？谁来说说，怎么做的？

1. 先观察，才能准确地画出展开图，想象检查一下，剪下图，最后制作。

2. 可是，现实生活中不仅仅只有正方体和长方体，还有很多很多其他立体图形。比如：这个立体图形——正八面体。

活动二：观察并想象展开图

（一）观察立体图形——几个面，观察的方法

1. 提问：你怎么知道是正八面体？八个面还有什么特点？

2（1）同桌合作：两人数一数是不是八个面，再看看每个面是不是正三角形。

（2）代表汇报：谁来数一数呀？

3. 提问：谁仔细看了，她是怎样数的？还可以怎样数？

（1）一上一下地数，一共 4 组，共有 8 个面。

（2）先数上面一层，再数下面一层，共有 8 个面。

一共有 8 个面，每一个面都是等边三角形，也是正三角形，这样的立体图形叫做正八面体。

【板书课题：正八面体】

4. 小结：其实，刚才大家不知不觉已经找到了两种观察立体图形的方法、一种是竖着看；一种是上下分开看。

（二）画展开图

1. 如果让你动手制作一个正八面体，你会吗？

2. 你可以借用三角形纸，先画出展开图。如果你需要，可以边观察边

画图。

（三）讨论并完善展开图——观察的方法与想象展开图再次结合

1. 出示：

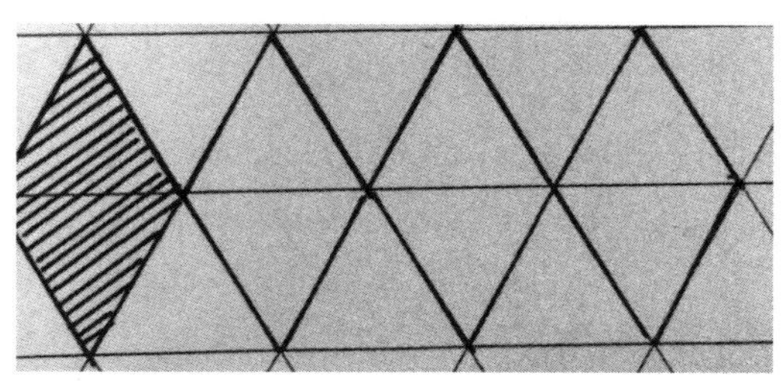

（1）作者说说自己是怎么想的？

（2）其他人说说自己的想法或者你认为存在的问题和建议。

（3）尝试着剪下来，拼一拼。其他同学再次说说发现的问题和建议。

2. 提问：当我们发现这样的展开图制作起来会很麻烦时，有什么好的建议？

3. 再次尝试画展开图。

4. 出示：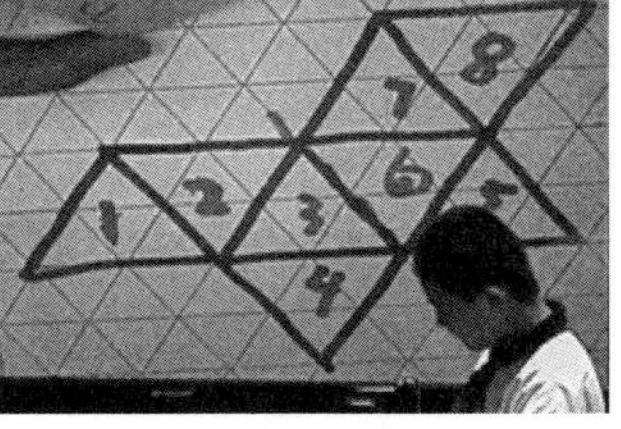

（1）作者说说自己是怎么想的？

（2）提问：这幅图能拼出正八面体吗？（调动其他人想象一下）

（3）用磁力片验证一下。

（4）真的可以拼出来，你怎么从刚才那副图想到这幅图的？这样有什么好处？

5. 出示

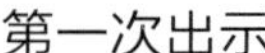

第一次出示

磁力片验证

有了新的发现

6. 小结：我们用不同的观察方法画出了两种截然不同的展开图。虽然这两种展开图都可以拼出正八面体，但是通过我们的实践与思考，我们发现上下分开看，可以使八面体连接粘贴的边变少，制作起来会更加方便。

活动三：制作正八面体。

活动四：观察其他多面体，并想象展开图。

观察一些其他的立体图形，发挥你的想象，他们的展开图是什么样子的呢？什么样的展开图会制作更加方便呢？我们下节课继续学习。

（二）多面体的创作

有了前面正多面体制作的积累，每一个学生都经历了观察、想象、设计和制作过程。在现实生活中，还有许许多多不同的多面体，教师应鼓励学生开发想象力，根据现实生活中的立体图形，创作多面体。

（三）创作组合多面体

在前面的创作的基础上，鼓励两人小组合作共同创作一个立体图形，可以是女孩子喜欢的可爱的玩偶、高雅的城堡、精美的工艺品、漂亮的包装盒，也可以是男孩子喜欢的军事基地、生物化学模型、各国风情的建筑物等。

第三部分：学生表现及评价细则

根据学生各个阶段的作品，作出评价量化。

（一）面动成体

1. 量表评价

		5分	3~4分	1~2分	总分
面动成体的方法介绍	自评				
	互评				
	师评				

2. 评价细则及示例

	评价细则
5分	能够运用面动成体，无论是累加运动还是旋转运动，都能够使面动成圆柱和圆锥，并能准确确定形成的圆柱和圆锥的底面半径和高的大小，表达清晰且完整。
3~4分	能够想到运用面动成体，累加运动或旋转运动只能想到并正确操作其中一种方法，都能够使面动成圆柱和圆锥，较能准确确定形成的圆柱和圆锥的底面半径和高的大小，表达清晰且完整。
1~2分	通过指导，可以想象面动成体，图形旋转或者累加形成圆柱和圆锥。但是不能准确确定形成的圆柱和圆锥的底面半径和高的大小。

（二）表面积的学习

1. 量表评价

		5 分	3~4 分	1~2 分	总分
制作圆柱	自评				
	互评				
	师评				
制作圆锥	自评				
	互评				
	师评				

2. 评价细则及示例

（1）制作圆柱

	评价细则
5 分	能够正确画出圆柱的平面展开图，能够正确推导并计算圆柱的表面积，作品中的所有接缝均严密整齐，无开合或凸出现象，平面部分平整。
3~4 分	能够正确画出圆柱的平面展开图，能够正确推导并计算圆柱的表面积，作品中接缝偶有开合或凸出的地方，平面部分偶有不平整的地方，但不影响整体作品效果。
1~2 分	能够正确画出圆柱的平面展开图，能够正确推导圆柱的表面积，在计算中会出现错误，作品中的接缝极为不整齐，凹进和凸出的地方较多，甚至平面部分有明显不平整的部分。

（2）制作圆锥

	评价细则
5 分	能够正确画出圆锥的平面展开图，能够运用合理的计算方法计算得到圆锥的底面圆和侧面扇形的大小。作品中的所有接缝均严密整齐，无开合或凸出现象，平面部分平整。
3~4 分	能够正确画出圆锥的平面展开图，经过同伴的指引，基本能够运用合理的计算方法计算得到圆锥的底面圆和侧面扇形的大小。作品中接缝偶有开合或凸出的地方，平面部分偶有不平整的地方，但不影响整体作品效果。
1~2 分	任意得到圆锥的一个侧面扇形，根据扇形拼凑出底面圆形。作品中的接缝极为不整齐，凹进和凸出的地方较多，甚至平面部分有明显不平整的部分。

（三）体积的学习

1. 量表评价

		5 分	3~4 分	1~2 分	总分
推导圆柱体积公式	自评				
	互评				
	师评				
推导圆锥体积公式	自评				
	互评				
	师评				

2. 评价细则及示例

（1）推导圆柱体积公式

	评价细则
5 分	能够借助切萝卜的活动，将圆柱转化成长方体，正确推导出圆柱的体积公式；或者运用积分思想，将多个圆形累加成圆柱，正确推导出圆柱的体积公式；对于推导过程的表达清晰有逻辑且完整。
3~4 分	能够借助切萝卜的活动，推导圆柱的体积公式，推导过程有个别错误，对于推导过程的表达，清晰性、逻辑性和完整性欠佳。
1~2 分	能够将圆柱形的萝卜转化成长方体，推导圆柱体积过程较为困难。

（2）推导圆锥体积公式

	评价细则
5 分	能够主动运用实验、推导等各种方法，猜想并验证圆锥体积的公式，对于推导过程的表达清晰有逻辑且完整。
3~4 分	经过指导，能够运用实验方法猜想或验证圆锥体积的公式，对于推导过程的表达较为清晰、完整。
1~2 分	能够知道圆锥的体积公式，但是对于实验验证圆锥体积公式较为困难，无法完整表述实验推导过程。

（四）后期学习

1. 量表评价

		5 分	3~4 分	1~2 分	总分
探究圆柱侧面积与体积之间规律	自评				
	互评				
	师评				
小组合作中的表现	自评				
	互评				
	师评				

2. 评价细则及示例

（1）探究圆柱侧面积与体积之间规律

	评价细则
5 分	在装大米的实验活动中，能够主动探寻圆柱侧面积一定情况下，底面积与体积大小的关系。
3~4 分	经小组汇报交流后，通过观察与思考，能够探寻圆柱侧面积一定情况下，底面积与体积大小的关系。
1~2 分	无论是动手实验还是同学交流，对于圆柱侧面积一定情况下，底面积与体积大小的关系这一规律的发现较为困难。

（2）小组合作中的表现

	评价细则
5 分	在动手实验中，积极主动承担任务，懂得与他人合作；在汇报交流中，能够认真倾听并勇于提出自己的想法。
3~4 分	在动手实验中，经他人提醒，能够承担任务，懂得与他人合作；在汇报交流中，能够认真倾听或是提出自己的想法。
1~2 分	在动手实验中，懒于承担任务，不擅于与他人合作；在汇报交流中，倾听或是提出自己的想法都较为困难。

（五）延展课

1. 评价量表

（1）制作规范且完整方面

	评价细则	作品示例
5 分	作品中的所有接缝均严密整齐，无开合或凸出现象，平面部分平整。	
3~4 分	作品中接缝偶有开合或凸出的地方，平面部分偶有不平整的地方，但不影响整体作品效果。	
1~2 分	作品中的接缝极为不整齐，凹陷和凸出的地方较多，甚至平面部分有明显不平整的部分。	

（2）制作美观有创意方面

	评价细则	作品示例
5 分	作品由多个正多面体组合而成，设计内容新颖、独特且具有趣味性观赏性和实用价值，组合体配色美观和谐，设计者具有一定的审美能力。	
3~4 分	作品由 1~2 个立体图形组合而成，设计稍稍简单一些，配色较为单一。	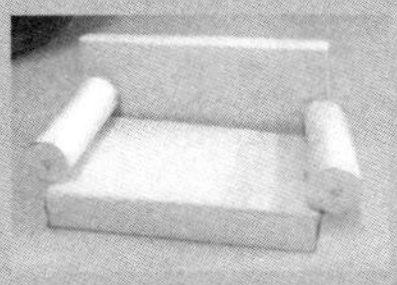
1~2 分	作品只是一个多面体，没有任何组合创新，设计内容非常简单，颜色单一。	

（3）设计意图及制作方法介绍

	评价细则	作品示例
5 分	作者能够完整地介绍作品的设计意图、设计灵感，对于自己的作品能够客观正确的评价，能够总结出自己制作及创意心得。	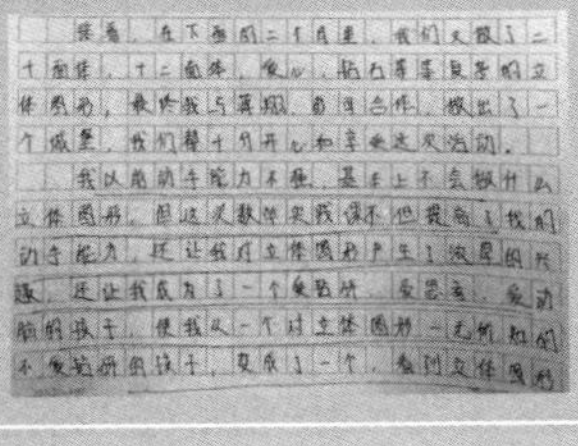
3~4 分	作者基本清楚作品的设计思路，对于自己的作品能够客观正确的评价，提出改进措施。	
1~2 分	作者没有自己的设计意图，制作的作品较为粗糙，没有自己的想法。	

第四部分：结论与建议

1. 关于教材内容的教学

在前期教材内容的活动中，教师要注重培养孩子们先观察，根据观察想象平面展开图，再动手设计平面展开图，最后制作。同时还要启发、指导孩子们在设计图时，留出粘贴的空白边方便后续制作。特别是在制作圆锥的平面图时，孩子们通过交流，可以展现出不同的思考方法。有的先从底面圆入手，有的先从侧面圆入手，还有的直接把侧面想象成 1/2 圆或 1/4 圆等，再计算底面圆形的周长和半径。教师要充分鼓励孩子，开发他们想象力，用学过的知识进行再一次创作。

2. 关于延展内容的教学

在每一次制作正多面体的活动中，孩子们都尝试着从不同角度观察，用多种思考方法，每一次制作的过程中，他们都在三维与二维之间不断转换。不仅仅提升了知识技能、空间想象力，更重要地是开阔了视野，学会了合作交流，懂得了审美，从整体上提高了解决问题的能力。

3. 关于评价内容

在本课程的活动中，教师设计了各个部分的评价量表，这个量表可以用于学生制作的过程中，得出一个初期的评价。在后续的教学活动中，可以对学生再次评价，考察一下学生是否可以逐步达到最高级别。教师需要在学习的各个过程中不断评定学生情况，学生也可在不同阶段得到不同的发展。

小学数学综合实践活动

课程设计与实践

肖英、郭红霞 主编

编委会

目录 >>>

观察物体

——一年级培养空间观念的实践活动

第一部分：课程目标

一、基本知识目标：

❶ 经历观察实物、拍照、介绍图片、站队等环节，学生能够辨别出实物与图之间的联系，体会从不同方向观察物体看到的形状可能是不同的现象。

❷ 经历观察实物、拍照、介绍图片等过程，学生能够从某一个角度观察物体时，想象出其他角度观察可能看到的形状。

❸ 经历观察实物、拍照、介绍图片等过程，学生能够根据观察到的形状反推观察者的观察角度。

❹ 经历多次实物与图（二维与三维）的转化，在头脑中能形成对物体各角度的较为清晰的表象，发展空间观念。

二、实践活动目标：

❶ 通过实物操作、拍照、站队、想象等活动，激发学生学习热情，感受数学与生活的密切联系，积累观察物体的经验，发展学生观察、推理和空间想象能力。

❷ 在各个活动的交流中，鼓励学生大胆表达，学习运用数学语言描述观察到的影像，培养数学表达能力。

❸ 在多次、多角度的小组活动中让学生了解什么是分工，什么是合作，明确各自职责，学习与人合作，体会合作的重要性，培养其团队协作能力。

第二部分：组织形式

课堂活动与课下小组活动相结合。

第三部分：课程内容

一、活动流程

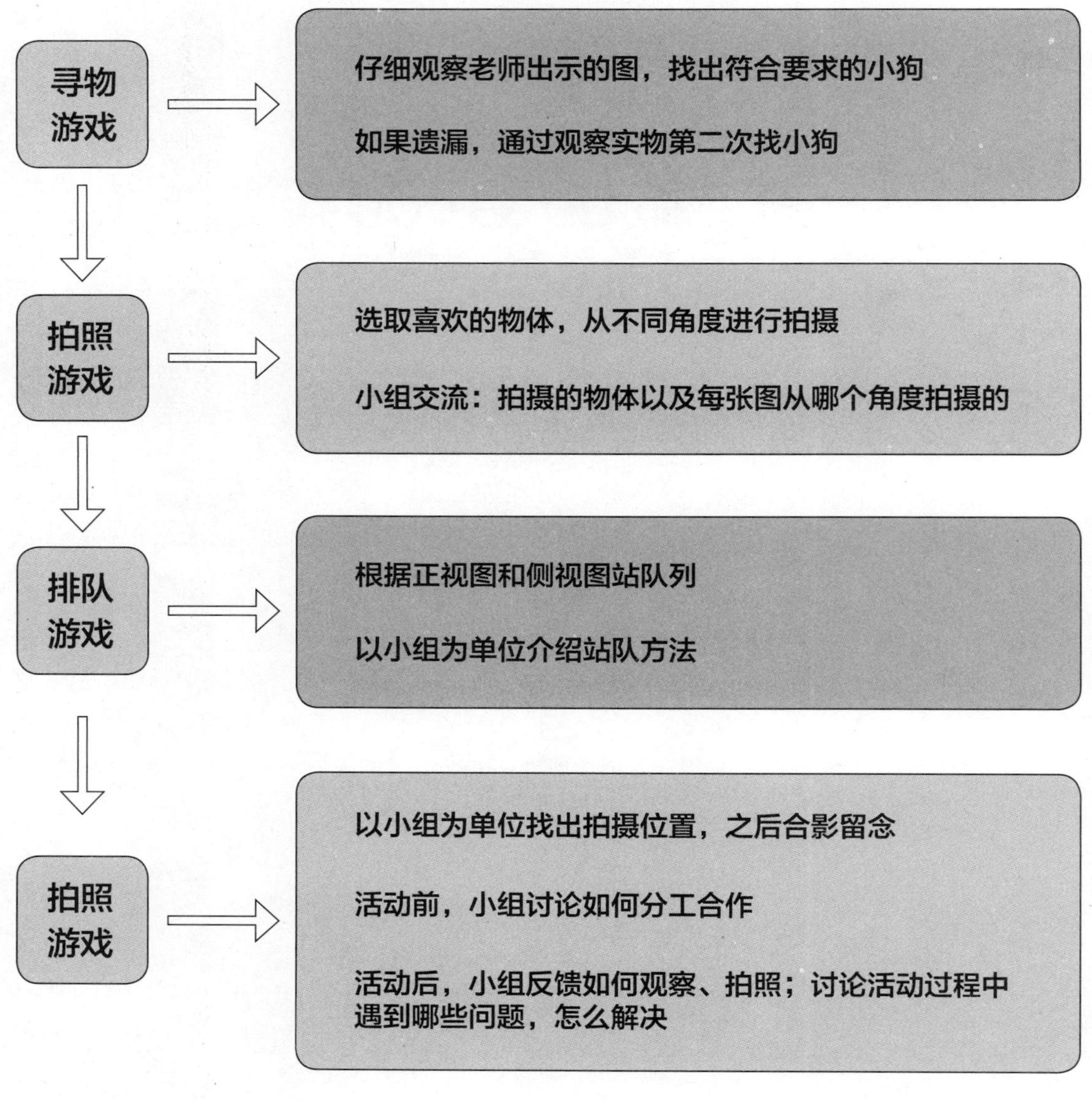

二、具体活动过程：

（一）寻物游戏

❶ 请大家仔细观察下面这只小狗，特别记住他还带了个蝴蝶结在头上呦。

❷ 小狗“家族”来了很多小狗，你能辨认出下面的这些小狗中哪些和刚才观察的小狗一样吗？如果你找到与刚才小狗装扮相同的小狗，请在相应序号下面画“√”。

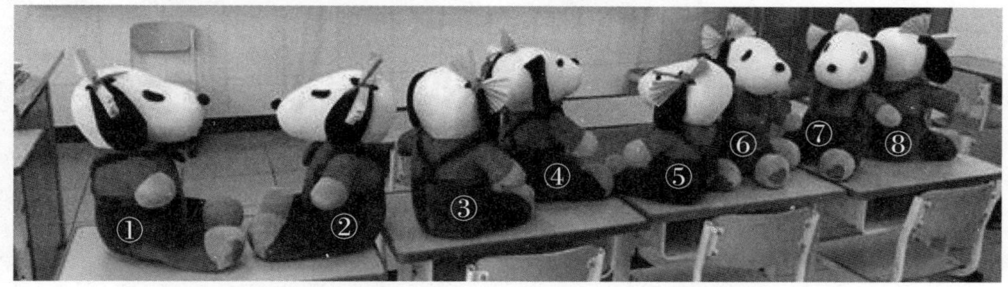

①	②	③	④	⑤	⑥	⑦	⑧

❸ 跟你的同伴说说你发现有哪几只与上面的相同？你是用什么办法找到的？（有困难可实物观察）

❹ 对于刚才“找相同”的寻物游戏，你表现得怎么样？给自己一个评价吧。

活动评价：

活动项目	评价方面	1分	2分	3分	4分	5分
寻物游戏	能选全					
	能说清方法和理由					

（二）拍照游戏

❶ 小朋友们，你们用相机或手机拍过照吗？下面是老师拍摄的图片，一起来欣赏一下：

❷ 你知道我拍的是什么吗？你有什么发现吗？

❸ 拍摄同一个物体，站在不同位置和角度拍摄出的样子是不同的。你能像老师一样也选取一个你身边的物体，站在不同角度拍一拍吗？拍好后请把不同角度的照片放在一张 A4 纸上打印出来呦！

❹ 和同伴交流一下你的作品。挑选一幅图，让同伴猜猜你是在哪个角度拍的？考考他能不能猜到。

角色一：自己介绍

角色二：我是小老师

请你选用两种角色与同伴一起合作完成呦。

❺ 做了一次小小摄影师，感觉怎么样？是不是有新的体会了？给自己一个评价吧。

活动评价：

活动项目	评价方面	1分	2分	3分	4分	5分
拍照游戏	拍照清晰、角度多样					
	表达时语言明晰					
	能猜出同伴的拍摄角度					

（三）排队游戏

❶ 同学们，我们每天都会站队，如果从前面看，看到了两个人○○，你猜站队的一共有多少人？

有人猜可能是两队人，可能后面还有很多，只是后面的被前面的同学遮挡住了。（学生配合，演示一下）

❷ 如果从前面看，看到了两个人○ ○，从侧面看，也看到了两个人○ ○，你猜站队的一共有多少人？和同伴讨论讨论，试着站一站。

❸ 请选择一组队列，仔细观察正面图和侧面图，和组员们一起站出它的队形吧！

	正面	侧面
①	○○○○	○○○
②	○○○○○	○○
③	○○○	○○○

❹ 这种队形最多站几人？最少站几人？为什么？再站站看。

❺ 这次的“站队”活动，你和小伙伴合作的怎么样？给你和同伴一个评价。

活动评价：

活动项目	评价方面	1分	2分	3分	4分	5分
站队游戏	队形正确					
	能主动发表见解，说清思考过程					
	能与同学友好交往、合作					

（四）定向拍照

❶ 今天咱们要进行一个“定向拍照”活动，知道什么是“定向拍照”吗？

活动要求：

① 从任务单中任取一张，观察任务单中的几幅图都是拍摄的哪里？又是站在什么角度拍的？

② 四人一组，小组合作找到5张照片拍摄的位置，然后在这个位置拍下小组成员的合影。

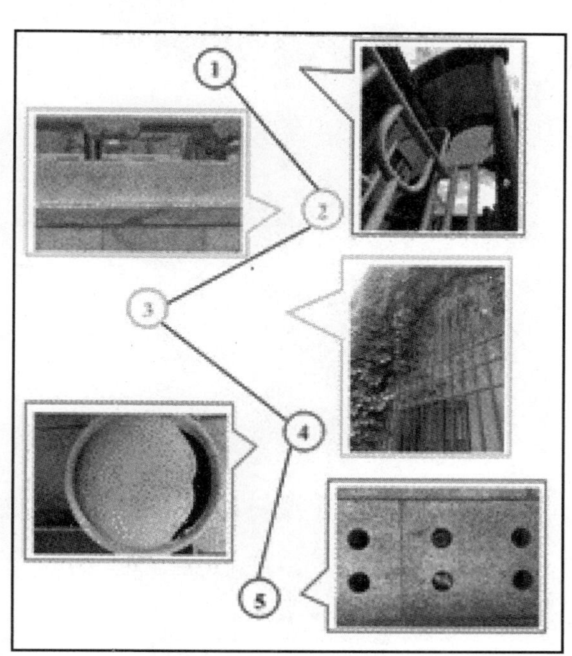

❷ 小组讨论：

① 怎样才能更好完成任务？

② 小组内你们准备怎么分

工？怎么合作？

③ 如果遇到困难怎么办？

❸ 大家行动起来了，小组活动开始。（示例如下，左图为照片目标，右图为学生实际活动照片）

❹ 各小组交流拍摄情况，互相打分，找到位置拍摄出相应照片得1分，五幅图共5分。（评价表中的第一项）

❺ 交流：

① 小组成员间的合作情况如何？

② 在拍照的过程中，组内有没有遇到什么困难？怎么解决的？（评价表中的第二、三项）

活动评价：

活动项目	评价方面	1分	2分	3分	4分	5分
定向拍照	能找准拍摄位置，拍摄符合要求的照片					
	能与同学友好交往、合作					
	能发现问题，解决问题					

亲爱的同学们，经历了上面这些实践活动，对于观察物体你是不是更有信心了？你还有什么问题没有解决吗？还有什么想研究的问题吗？把你的问题写在下面的横线上。

____

____

____

____

方向与位置

——二年级培养空间观念的实践活动

第一部分：课程目标

一、基本知识目标：

❶ 学生通过观察、操作、表达，经历实物与图之间的转化过程，并学习用语言进行描述。

❷ 通过实物与图在头脑中进行转换、对应，建立学生空间观念，增强方向感。

❸ 结合具体情景给定学生一个方向（东、南、西、北）后，其可以自主辨认其余七个方向，并能用这些词语描述物体所在的位置。

❹ 体验数学与现实生活的密切联系。

二、实践活动目标：

❶ 认识各种图标，能够在学校平面图中找到它的位置。

❷ 学生能够弄清图标之间的位置关系，并会利用自己所学到的方向知识介绍学校。

❸ 结合春季实践活动，让学生学会在实际生活中辨认方向。

❹ 学生能利用手中平面路线图，找到目的地。

❺ 在实际应用中提升学生的空间观念。

第二部分：组织形式

在校活动与校外活动相结合、学生个体活动与小组活动相结合。

第三部分：课程内容

一、对课程主题的解读

从“平面上”认识方向和物体的相对位置关系，是学生后续学习在平面上确定位置的基础。教师要重视学生数学经验的积累，具体如下：

❶ 学生到操场上确定了“东”这一方向后，找其他三个方向的景物，并把自己看到的景物画在纸上，通过辨析，明确规定“上

北、下南、左西、右东”的重要性。然后学生再次回到操场，对照记录单找景物，目的是让学生反复经历“一一对应”的辨认活动后，增强学生的方向感。

❷ 通过折方向板的活动，唤起学生原有的知识基础，借助学生已有的知识和生活经验，给其他四个方向起名字，从而激发学生主动探索的兴趣，积极参与教学活动。对所学的新方向进行整理，培养学生动手操作的能力和空间观念。指导学生学会正确使用方向板，会用它来辨认生活中的方向，能用语言描述物体所在的位置，发展学生的空间观念。

❸ 利用所学习的方向与位置的知识，组织学生前往大观园实践，在“地图”与“现实空间”的联系过程中，发展初步的空间观念。

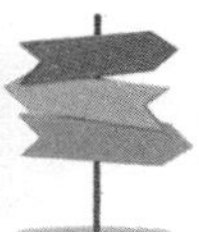

二、活动流程

环节	内容
确定方向	学生在操场上认清各个方向上的景物后，记录在纸上 判断学生记录得是否正确，明确规定图的方向上北、下南、左西、右东的重要性
制作方向板	学生通过折一折，写一写制作方向板 利用方向板找准学校与其他建筑物之间的位置关系
贴校园平面图	认清图例，并能按照校园现实情况贴出各景物所在位置 介绍校园，说清各景物之间的位置关系
游大观园	学会看简单的游览图 能描述简单路线 说清找宝物的方法与过程

三、具体活动过程：

（一）体会规定“上北，下南，左西，右东”的必要性

要求 1：学生来到操场，仔细辨认四个方向上都有哪些建筑物，然后在纸上记录出观察到的景物及所在方向，并能用语言表述出来。

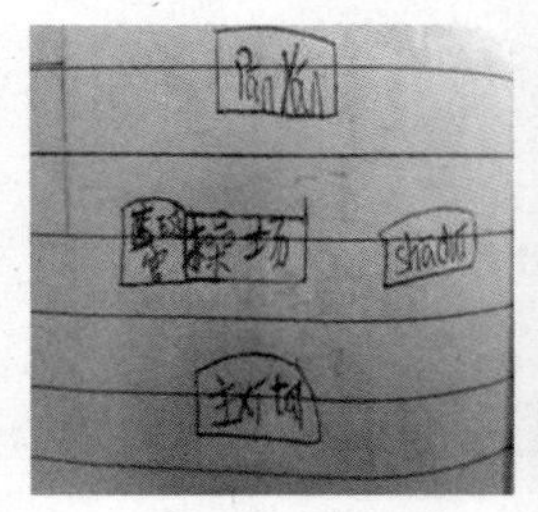
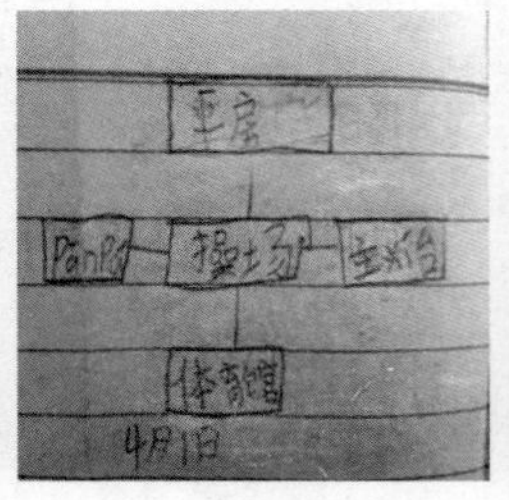

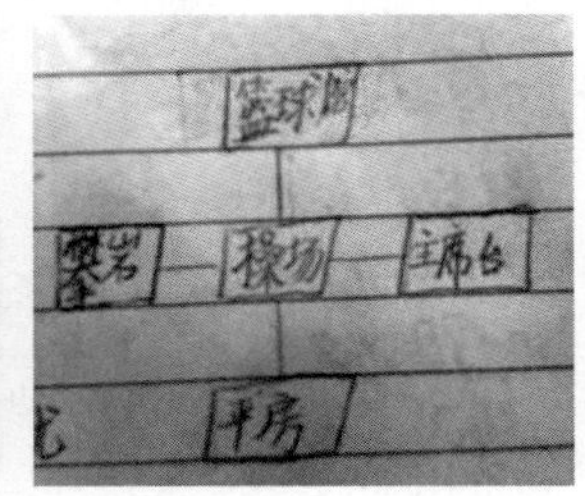

活动反馈：

1. 你站在操场上看到四个方向上都有什么？结合你的记录给大家说说，同学评价他说的对吗？

2. 为什么大家说的都对，而记录在纸上的就不一样呢？

3. 我们怎么才能让说的和记录的都一致了呢？

要求 2：学生拿着记录单再次回到操场，完成两项活动：

A. 水平拿着记录单，学生面向北，此时记录单上的方向与实际景物方向一致，找一找操场上各个方向一一对应的象征性景物各是什么。

B. 学生不动，手拿记录单慢慢竖起，当记录单与现实景物方向不一致了，找一找操场上各个方向一一对应的象征性景物各是什么。

活动反馈：

1. 你是怎么利用你手中的记录单找到实际景物的？

2. 当记录单上的方向与实际方向不同时，你又是怎么找到实际景物的？

在加强联想的同时，让学生观察，操作，由水平放置到竖直放置的变化，体会四个方向的内在联系不变。

经过这次活动，你觉得自己表现得怎么样呢？给自己的表现打个分数，填到下面的表格中。不要忘记让老师也给你的表现打个分哦！

活动项目	评价方面		1分	2分	3分	4分	5分
规定方向	能够准确地将操场上的标志性建筑物画在纸上	自评					
		师评					
	能够分辨同学绘制的建筑物位置是否正确	自评					
		师评					
	能够根据规定方向调整自己绘制的平面图	自评					
		师评					

（二）制作方向板

每名同学发一张正方形的纸。

要求 1：学生拿出一张正方形的纸，折一折，在纸上标出八个方向，制成一个方向板。

要求2：课件演示学校所在街区的地图，以学校为中心，标出它八个方向上的建筑物，说出它们之间的位置关系。

活动反馈：

1. 说一说你的方向板是怎么制作出来的？看看八个方向标的是否正确。

2. 你是如何使用方向板的？

3. 你能否借助方向板说说学校与在它其他方向的建筑物之间的位置关系？

经过这次活动，你觉得自己表现得怎么样呢？给自己的表现打个分数，填到下面的表格中。不要忘记让老师也给你的表现打个分哦！

活动项目	评价方面		1分	2分	3分	4分	5分
制作方向板	能够正确地标出方向标	自评					
		师评					
	能够正确使用方向板	自评					
		师评					
	能够借助方向板正确地描述出学校与其他建筑物之间的位置关系	自评					
		师评					

（三）校园平面贴图

每位同学发一张空白的标准规格纸张（表示整个校园）。

要求 1：学生能够认识图示，将图示正确贴到校园校园平面图的各个位置中。

要求 2：辨认清每个图示所在的位置之间的联系（xx 在 xx 的什么方向）。

要求 3：以小导游的身份将整个校园情况介绍给同学（讲解清楚向哪个方向走）。

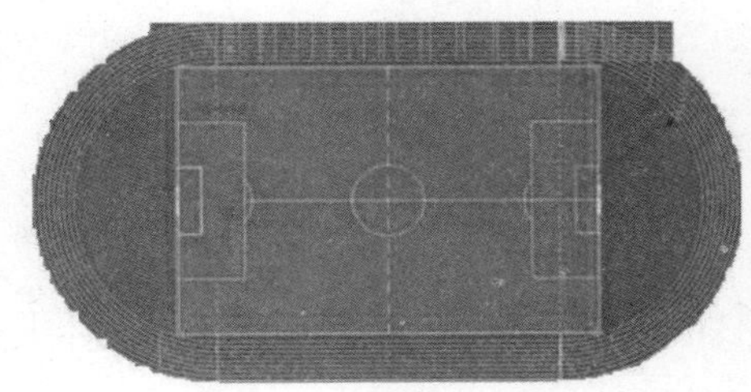
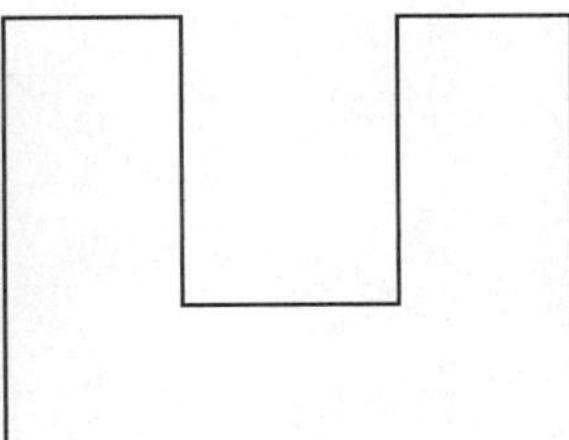
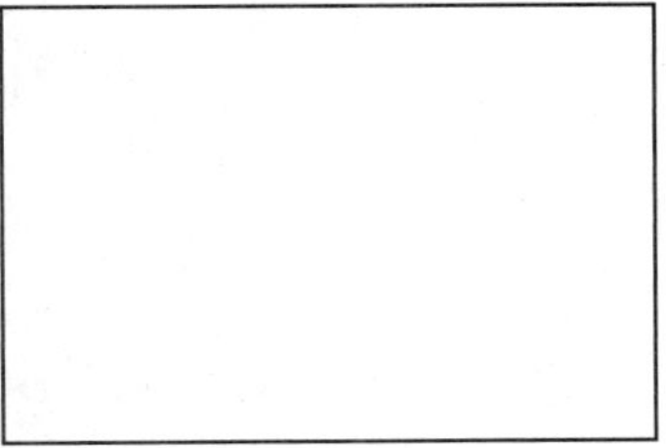

图例							
喷泉	大门	图书角	卫生间	教室	音乐教室	国旗	少先队活动室

活动反馈：

1. 你是怎么把这些地点图片粘贴到校园平面图上的？

2. 你能说清楚它们之间的位置关系吗？

3. 如果你是一个小导游，要带领朋友进行“校园一日游”，你能够向朋友介绍一下咱们的校园吗？（设计一个简单的游览路线，说出方向及其大概距离）

经过这次活动，你觉得自己表现得怎么样呢？给自己的表现打个分数，填到下面的表格中。不要忘记让老师也给你的表现打个分哦！

活动项目	评价方面		1分	2分	3分	4分	5分
粘贴校园平面图	能够把地点正确粘贴到校园平面图上	自评					
		师评					
	能够讲清图示之间的位置关系	自评					
		师评					
	能够设计出简单路线图，并对方向及距离进行简单描述	自评					
		师评					

（四）走进花卉大观园

1．活动的前期准备

（1）将复杂的旅游图进行简化，让学生学会看图，并能描述简单的路线，或能根据描述的简单路线在图上找到对应的景点。

识图的准备：

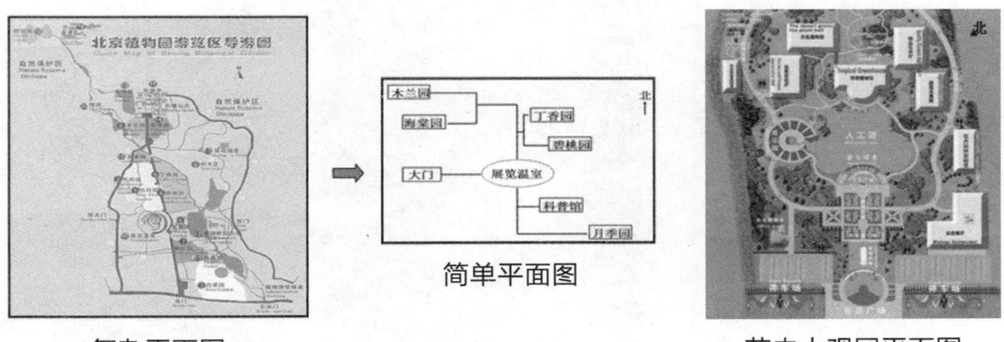

复杂平面图　　简单平面图　　花卉大观园平面图

活动反馈：

1. 看图，你能说出谁在谁的什么方向吗？你是怎么知道的？

2. 说一说，从哪儿到哪儿怎么走？

3. 你能提出一个问题并的解答嘛？

2. 寻宝活动

活动反馈：

（1）你是用什么方法辨认方向的？

1. 根据平面图辨别方向

2. 根据指南针辨别方向

3. 根据指示牌辨别方向

（2）你是如何找到宝物的？

在寻宝的过程中，学生得将平面路线图转化为实际生活中的场景图，从而才能顺利的辨认方向，找到要去的场馆。

1. 确定路线

2. 到达目的地

经过这次活动，你觉得自己表现得怎么样呢？给自己的表现打个分数，填到下面的表格中。别忘了让老师也给你的表现打个分哦！

<table>
<tr><th>活动项目</th><th colspan="3">评价方面</th><th>1分</th><th>2分</th><th>3分</th><th>4分</th><th>5分</th></tr>
<tr><td rowspan="4">花卉大观园寻宝</td><td colspan="2" rowspan="2">能够说清辨认方向的办法</td><td>自评</td><td></td><td></td><td></td><td></td><td></td></tr>
<tr><td>师评</td><td></td><td></td><td></td><td></td><td></td></tr>
<tr><td rowspan="2">能够讲清寻宝的过程</td><td>（1）能够找到便捷的路径</td><td>自评</td><td></td><td></td><td></td><td></td><td></td></tr>
<tr><td>（2）能够用简洁的语言表述清楚</td><td>师评</td><td></td><td></td><td></td><td></td><td></td></tr>
</table>

亲爱的同学们，经历了上面这些实践活动，对于观察方向与位置你是不是更有信心了？你还有什么问题没有解决吗？还有什么想研究的问题吗？把你的问题写在下面的横线上。

____

____

____

____

图形的运动

——三年级培养空间观念的实践活动

第一部分：课程目标

一、基本知识目标：

❶ 学生通过亲自收集、整理生活中的物体平移和旋转现象，感知平移、旋转运动。通过学习，学生能直观判断出平移和旋转运动，能辨认简单图形平移后的图形。

❷ 学生经历观察、分析和判断物体平移、旋转运动的过程，发展其空间想象能力。

二、实践活动目标：

❶ 通过多种活动，加深对图形平移和旋转的特征的感知和体验，培养学生的观察力、想象力和动手操作能力。

❷ 通过活动，激发学生学习数学的兴趣，体验成功的快乐，培养学生合作和创新意识。

❸ 培养学生初步的形象思维能力和逻辑思维能力。

第二部分：组织形式

课堂活动与课下小组活动相结合。

第三部分：课程内容

一、对课程主题的解读

本次我们把研究主题定位在感受图形的运动，通过观察和思考，发展学生的空间观念。具体来讲，就是要开展一系列实践活动，让学生在活动中不仅感受平移和旋转现象，而且在实际操作的过程中提升学生的动手操作能力和空间想象能力。

“平移和旋转”是小学数学“图形与几何”的内容中最为生动的部分，是在“图形的运动”这个标题下给出的。既然是运动，就不仅要知道运动的结果，还需要想象运动的过程。这类运动有一个共同的特点，就是运动之后保持任意两点间直线距离不变，这样就保证了运动之后物体的形状不变，人们称这类运动为“刚体运动”。通过这部分内容的学习，学生可以更好的认识现实世界中大量的图形运动现象，以运动的观点认识、欣赏、设计图形。从儿童空间知觉的认知发展来说，平移和旋转是学生从静态的空间知觉进入感悟动态的空间知觉，这是培养学生空间观念的重要方面。

二、活动流程：

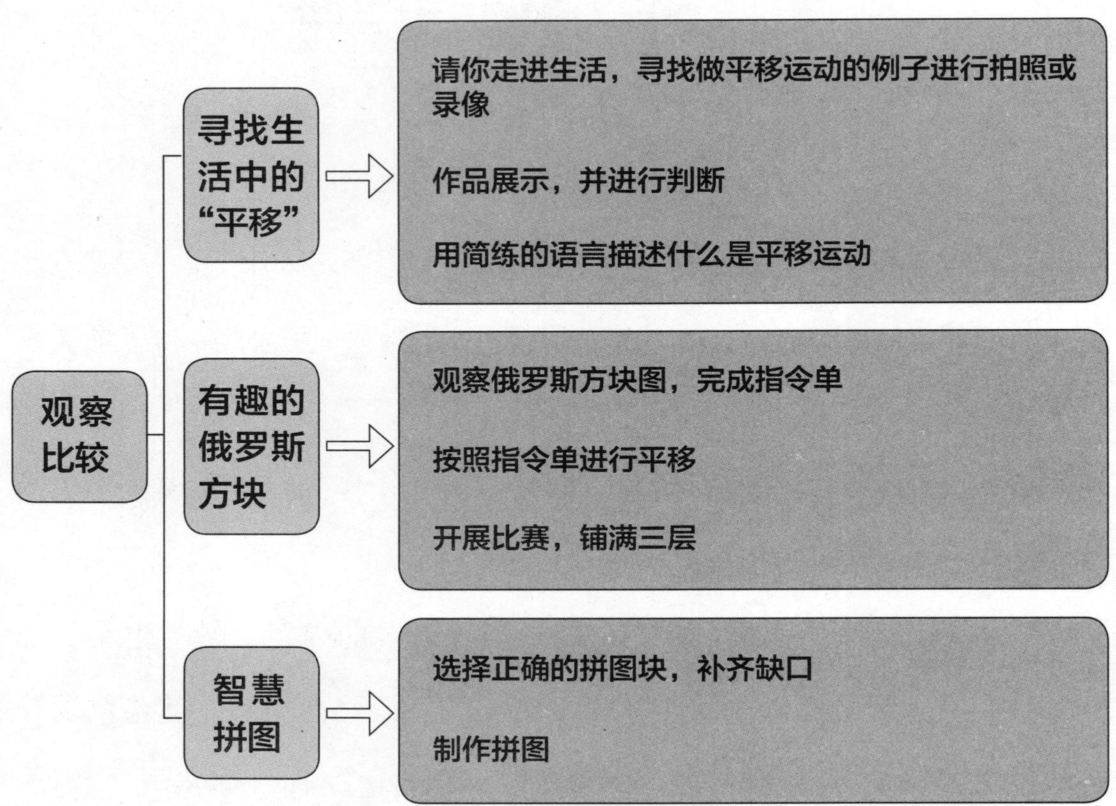

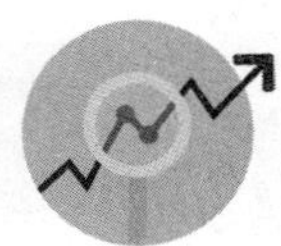

旋转

- 寻找生活中的"旋转" ⇨
  - 请你走进生活，寻找做旋转运动的例子进行拍照或录像
  - 作品展示并进行判断
  - 用简练的语言描述什么是旋转运动
- 小鸟入笼 ⇨
  - 观察"小鸟入笼"玩具的准备工作
  - 按照要求自制玩具
  - 思考"小鸟"在旋转的过程中为什么会进到"笼子"里
- 运动中的图形 ⇨
  - 任选一个平面图形，想象沿一边旋转后会变成什么样子
  - 亲自实践，观察平面图形旋转的样子

三、活动过程：

一、感受和学习平移运动

我们在课堂中已经初步知道了生活中哪些现象是平移运动，下面我们就来亲自实践一下。

（一）寻找生活中的“平移”

知识基础：再次体会平移运动，知道什么样的运动是平移。

活动要求：1. 找一找生活中做平移运动的例子：请你走进生活，将你找到的做平移运动的例子进行拍照或录像。例如：

电梯

缆车

火车

2. 班内展示作品，同学们进行观察、分析和判断，看看这个例子是不是平移运动。

3. 再次讨论，用简练的语言描述一下什么是平移运动。

4. 对于这次活动你表现得怎么样？给自己一个评价吧！

活动评价：

活动项目	评价方面	1分	2分	3分	4分	5分
寻找生活中的“平移”	作品准确					
	能简单描述平移运动					

活动反馈：

1. 学生能走进生活，体会到生活中存在大量的平移运动。

2. 在观察和判断中渐渐清晰对平移运动的理解。

（二）有趣的俄罗斯方块

知识基础：通过学习生活中平移的实例，感受和了解了平移运动。

活动要求：1. 请你与同桌为一组，先观察，再思考要铺满最下面一层，要怎样平移？每人选一幅图，进行思考：要铺满最下面一层，说一说 和 分别需要进行怎样的平移？

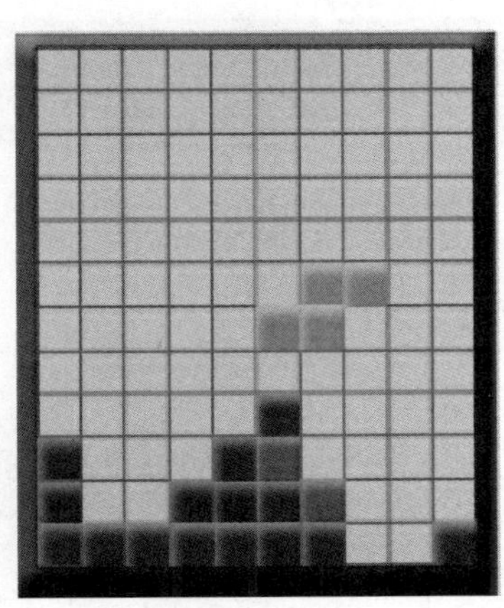

2. 将你们平移的过程简单的进行记录，每人完成完成一张“指令单”。

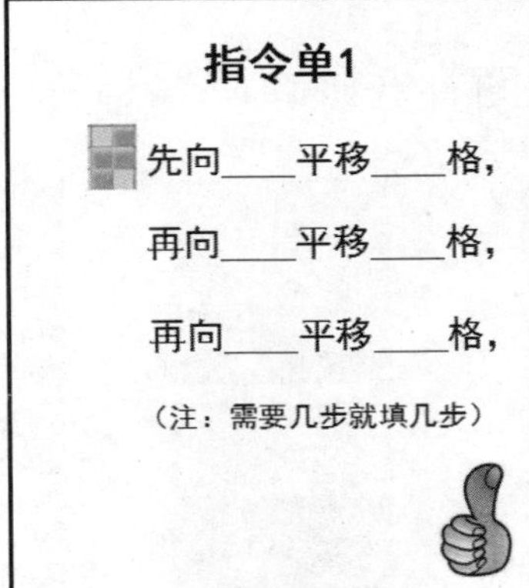

指令单1

先向____平移____格，

再向____平移____格，

再向____平移____格，

（注：需要几步就填几步）

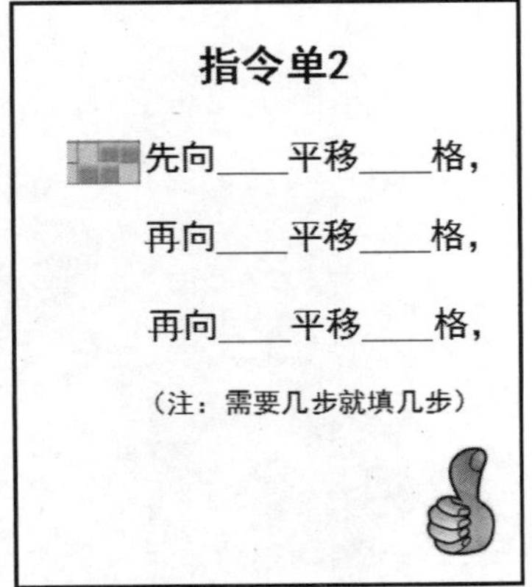

指令单2

先向____平移____格，

再向____平移____格，

再向____平移____格，

（注：需要几步就填几步）

3. 同桌两人交换指令单，尝试按照对方的指令进行移动，看能否成铺满最下面的一层。

4. 拓展活动：两个同学为一组开始比赛，先领取自制的俄罗斯方块图，然后一个同学发出平移的指令，另一个同学按照指令进行平移，比一比看看哪个小组能用最短的时间铺满三行 。

5. 在这次活动中，你们表现得怎么样？请为你的同桌进行一次评价！

活动项目	评价方面	1 分	2 分	3 分	4 分	5 分
有趣的俄罗斯方块	介绍步骤时语言清晰					
	指令单的指令正确					
	能按照指令单上的步骤进行平移					

（三）智慧拼图

知识基础：学生对平移运动已经有一定的了解，而且能在方格图中进行准确的平移。

活动要求：1. 你能选择正确的拼图补齐缺口吗？请你来试一试：

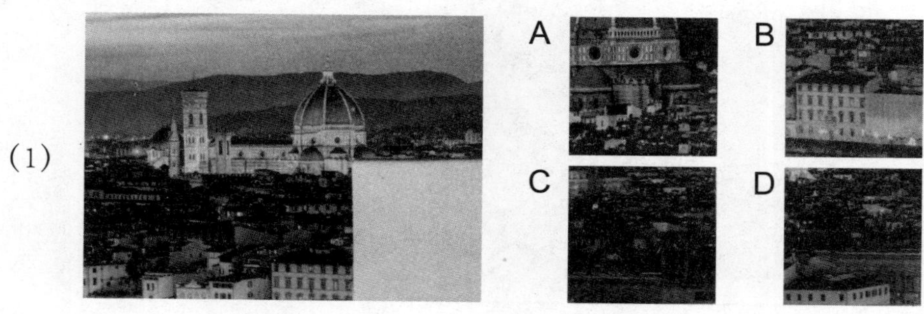

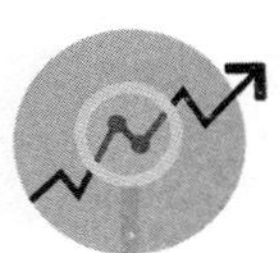

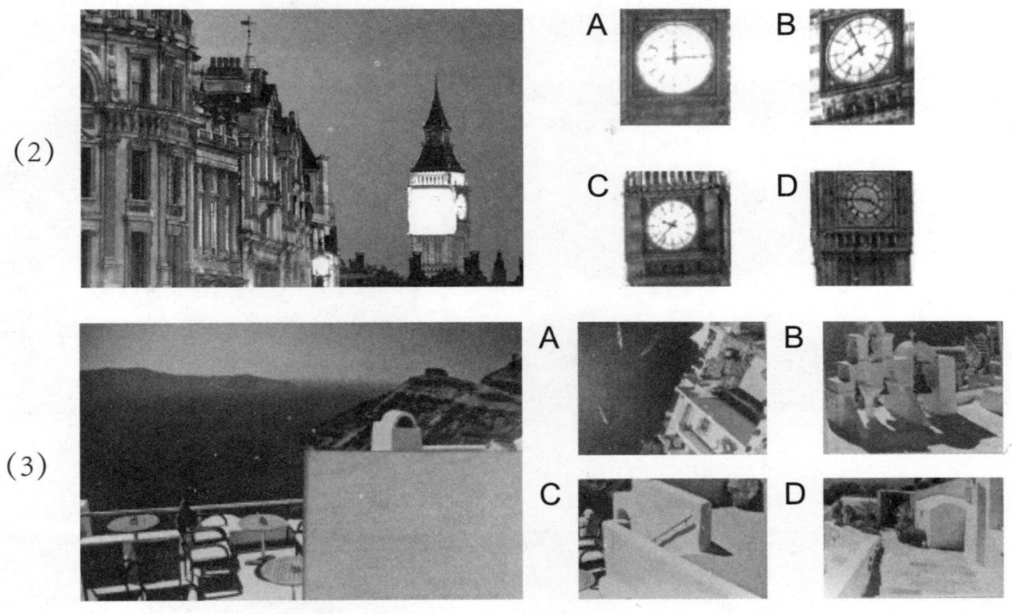

2. 你能将拼图正确的拼到方格里吗？

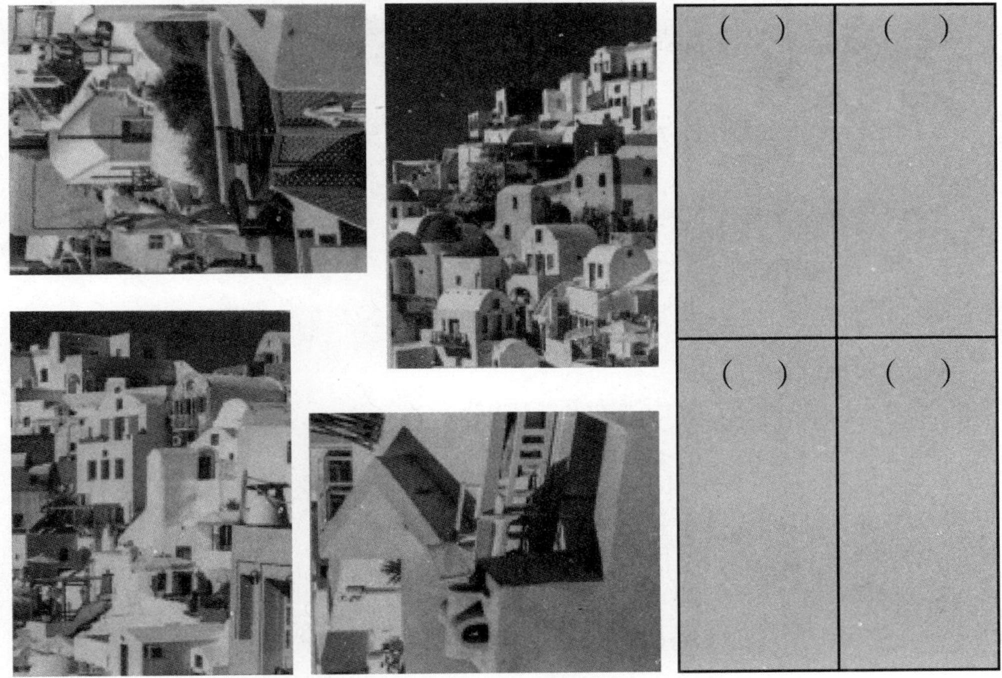

3. 制作一款属于你的智慧拼图，玩一玩。

4. 对于这次活动你表现得怎么样？给自己一个评价吧：

活动项目	评价方面	1分	2分	3分	4分	5分
智慧拼图	能挑选出正确的拼图					
	能与同伴合作完成一幅新的拼图					

活动反馈：充分利用平移运动去思考，培养学生的空间想象能力。

二、感受和学习旋转运动

（一）寻找生活中的“旋转”

知识基础：再次体会旋转运动，知道什么样的运动是旋转。

活动要求：1. 我们生活中还有许多旋转运动的例子，请你走进生活，将你找到的做旋转运动的例子进行拍照或录像。例如：

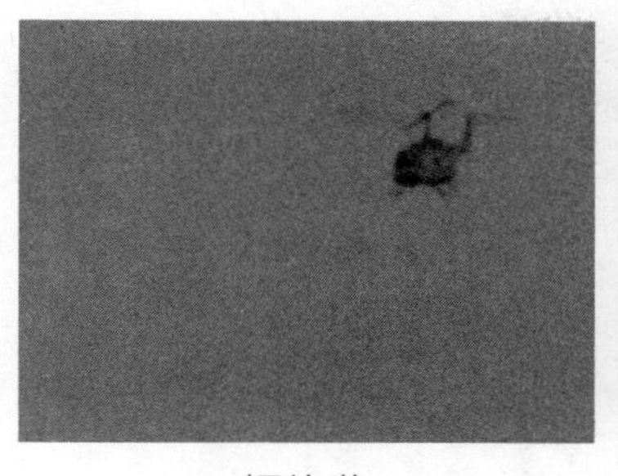

螺旋桨

缆车

钟表

2. 班内展示作品，同学们进行观察、分析和判断，看看这个例子是不是旋转运动。

3. 再次讨论，用自己的话说一说什么是旋转运动。

4. 对于这次活动你表现得怎么样？给自己一个评价吧。

活动评价：

活动项目	评价方面	1分	2分	3分	4分	5分
寻找生活中的“旋转”	作品准确					
	能简单描述平移运动					

（二）小鸟入笼

1. 依据下面的方法步骤，制作一个“小鸟入笼”的玩具，玩一玩，体会这个玩具在做什么运动，小鸟为什么会进笼子里。

2. 活动准备：两张图片，一根绳子。

3. 小鸟入笼操作步骤：

（1）准备两张图片和一根绳子。

（2）将两张图背面粘贴在一起。（中间区域不抹胶水，将绳子从中穿入）

（3）用手抓住绳套两端，旋转数圈后向外拉伸，使画面快速旋小鸟就进到笼子里了。

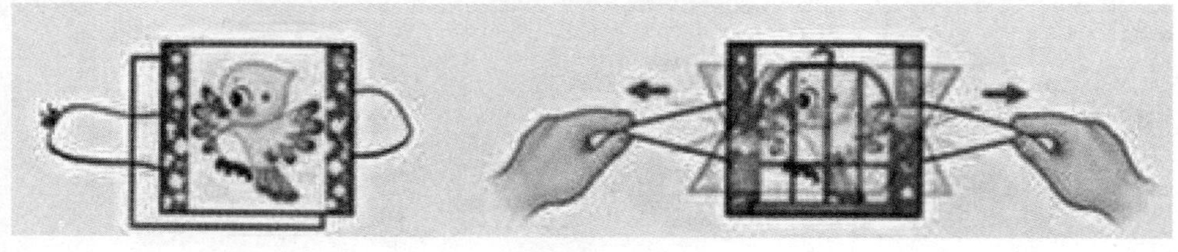

4. 思考并讨论：这个玩具在做什么运动？小鸟为什么会在转动的过程中飞到笼里？

5. 再设计一个其它内容的玩具进行尝试。

6. 对于这次活动你表现得怎么样？给自己一个评价吧。

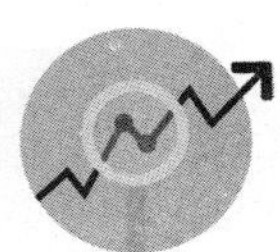

活动评价：

活动项目	评价方面	1分	2分	3分	4分	5分
小鸟入笼	制作认真					
	能独立完成作品					
	在活动中有新的收获					

活动反馈：1. 孩子们在玩的过程中，体会到了旋转带给我们的乐趣。

2. 你觉得在生活中旋转还有哪些应用？

（三）运动中的图形

1. 准备一个可以旋转的机器：

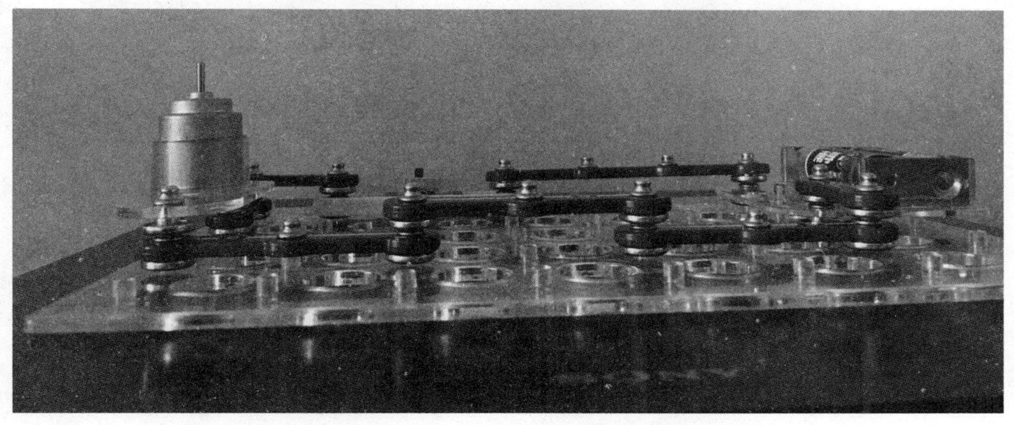

任意取一个我们认识过的平面图形：长方形、正方形、直角三角形……

2. 想象一下，如果固定一边开始旋转，会形成下列哪个物体，动手连一连：

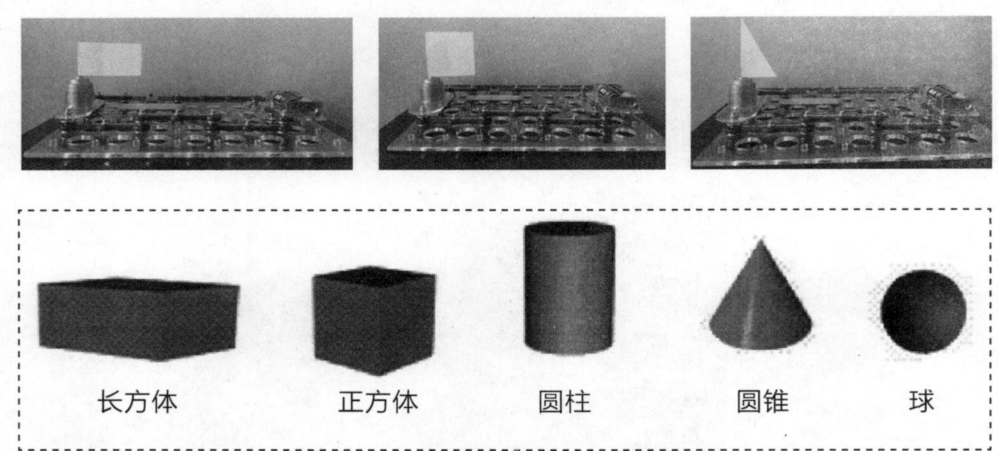

3. 亲自动手实践一下，观察平面图形旋转后的样子，看看你连的对不对。

4. 对于这次活动你表现得怎么样？给自己一个评价吧。

活动评价：

活动项目	评价方面	1分	2分	3分	4分	5分
小鸟入笼	积极参与活动					
	能进行简单的推理和想象					

亲爱的同学们，经历了上面这些实践活动，对于观察图形的运动你是不是更有信心了？你还有什么问题没有解决吗？还有什么想研究的问题吗？把你的问题写在下面的横线上。

____

____

____

____

图形“变形”记

——四年级培养空间观念的实践活动

第一部分：课程目标

一、前期基本知识目标：

❶ 体会七巧板各图形之间的关系、以及图形之间的联系，进一步发展空间观念。

❷ 了解七巧板的国内外发展历史、种类，将数学与历史学科融合。

二、中期制作个性拼板目标：

❶ 思考正方形可以分割成的图形种类，以及它们之间的关系。

❷ 想象并分割正方形硬纸板，设计、制作属于自己的个性拼板。

三、后期创作图形目标：

❶ 根据对实物的拍照，再对实物的特征进行分析。

❷ 举办一个图形“变形”记的展示专场，培养学生的对图形的再研究及成就感。

第二部分：组织形式

课堂活动与课下小组活动相结合。

第三部分：课程内容

一、对课程主题的解读

学生生活的世界和接触的事物离不开空间，他们需要从形状上认识周围的事物，从而了解、探索和把握空间，进而更好地理解人类赖以生存的空间。空间观念是让学生更好地生存和发展，感知世界的基础。

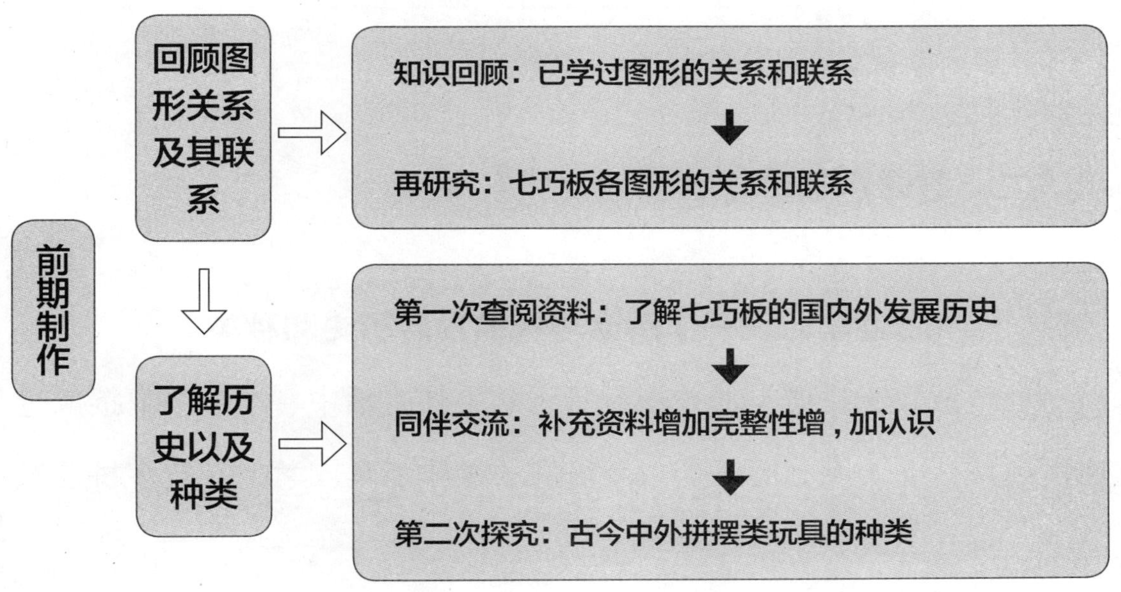

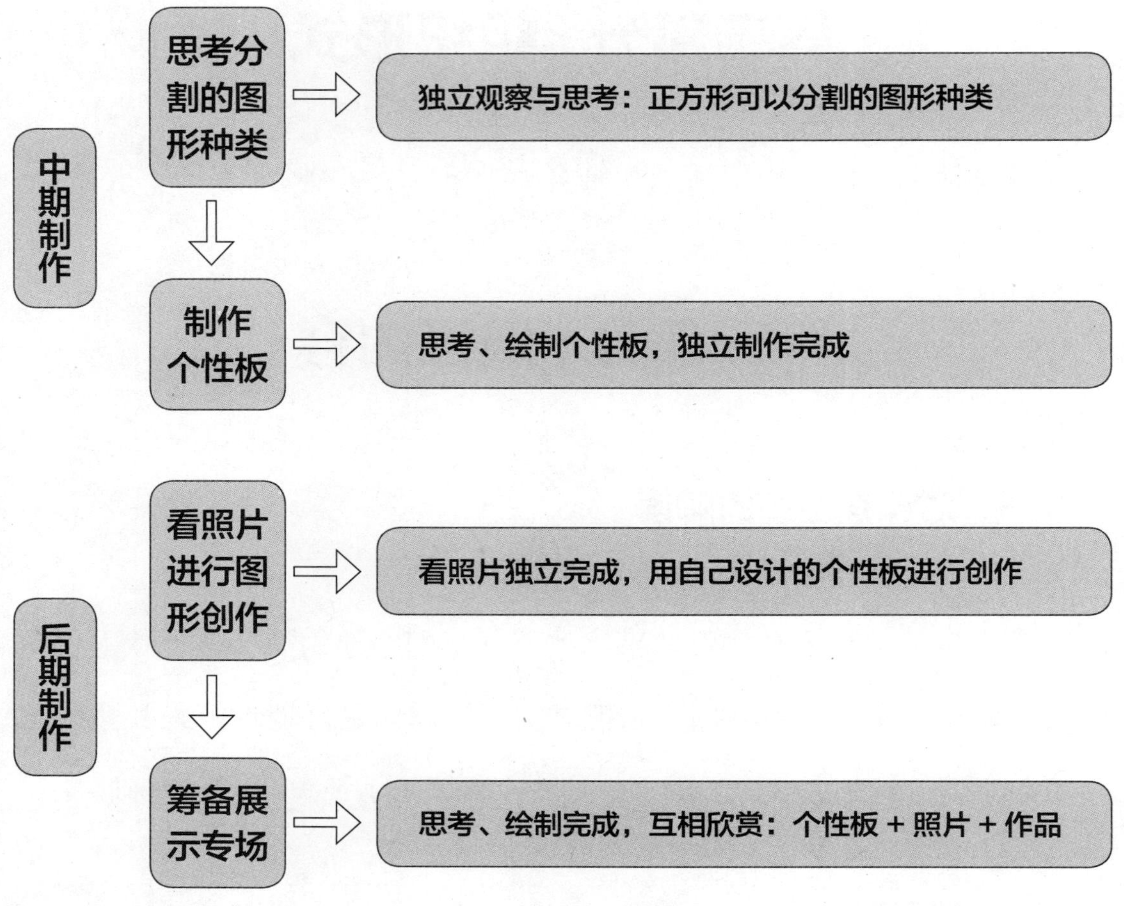

二、具体活动过程：

（一）前期学习——了解七巧板的发展历史和种类

七巧板属于拼摆类的益智玩具，学生在生活中、学习中都接触过这种玩具，可以说七巧板是一个很好的操作工具。学生有较多拼摆经

验，在拼摆的过程中都是把各块图形进行组合的过程。两块组合，或是更多块图形的组合，更多的是依托拼摆图形来完成的。

① 知识基础：学生见到和使用的七巧板都是中国传统的七块图形板，对于这种拼摆类玩具的发展历史并不是很熟悉。

② 活动要求：组织学生们利用课余时间查阅资料，围绕“七巧板是怎样发展的，它的种类都有什么？”展开调研。

③ 活动反馈：在查阅资料的过程中，学生从古代到现代围绕时间轴进行了梳理：

从拿破仑·波拿巴玩这些板子开始，也拉开了了解这种益智玩具的大幕……

eDDe 说

七巧板不仅深受各国学者关注与喜爱，还在欧洲历史上留下了许多故事。

传说 1815 年滑铁卢战役失败后，法国皇帝拿破仑·波拿巴（Napoléon Bonaparte）被流放到大西洋的一个小岛上。为了消遣时间，他开始玩七巧板并为之着迷，七巧板也陪他度过了余生。

到了宋朝，黄伯思利用几何图形设计了一款由 6 张小桌子组成的桌子，这款桌子被称为“燕几”。

后来，黄伯思的朋友看到这套桌子后，十分欣赏，再为其增设了一件小几，以便增加变化，所以“燕几”又称“七星桌”。根据吃饭人数的不同，可以把桌子拼成不同的形状，比如3人拼成三角形，4人拼成四方形，6人拼成六边形……这样用餐时人人方便，可以视宾客多寡，任意拼排成不同形状的大桌面，这就是传统七巧板的雏形，为后世的拼图玩具开了先河。

燕几图

为了满足人们对组合家具的需求，元明两代的工匠借鉴黄伯思的“燕几图”，利用木块模拟设计家具。明代戈汕根据“燕几图”的原理加入三角形，设计出了一套有十三个小几的几案组合，它们合起来像蝴蝶翅膀，分开有上百种组合方式，据此编成“蝶几谱”。

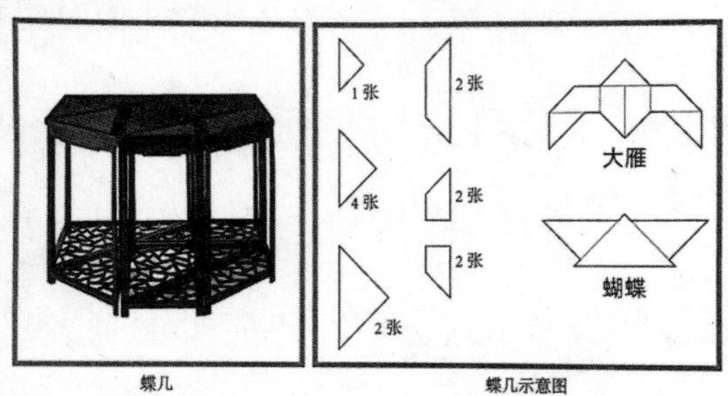

蝶几　　蝶几示意图

到了明末清初，工匠的设计图就慢慢演变成了拼图玩具。当时人们用纸板或者木片做成七块形状的板子，用它们拼图做游戏，因为这些板子设计巧妙而且好玩，所以被称为“七巧板”或者“七巧牌”。清朝皇宫中，人们常常利用七巧板拼出吉祥的图案和文字来庆祝节日。

现在北京故宫博物院里仍然保存着一套《七巧图》。可以说，七巧板是实用价值和艺术审美的完美结合。

七巧板于18世纪传到国外后，很多外国人废寝忘食地用它们做拼图游戏。外国人称它为“唐图”，意思是“来自中国的拼图”。

基于学生了解到的情况，再研究七巧板的种类都有什么。通过学生多方面查阅资料，找到了几种不同的七巧板：

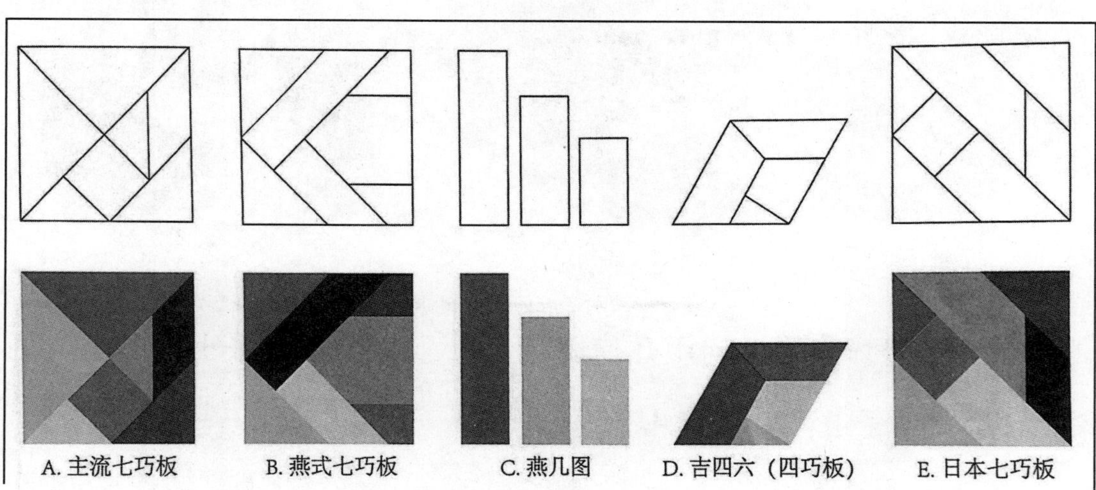

A. 主流七巧板　B. 燕式七巧板　C. 燕几图　D. 吉四六（四巧板）　E. 日本七巧板

三、中期指导——设计个性“变形板”

通过观察七巧板分割情况，发现七块平面图形之间的联系。课堂上让学生先独立思考，借助学习分数以及面积的知识来发现图形之间的联系，这对于学生来说并不陌生，是旧知识输出的过程。

知识基础：学习完分数和面积，用旧知识把正方形这个整体分割成其他图形。

活动要求：思考讨论如果拼摆图形，你都需要哪些图形？

1. 直边图形（三角形、长方形、正方形、梯形、平行四边形……）

2. 曲边图形（圆形、半圆形……）

活动反馈：通过实践，发现学生在讨论分割图形时，能够考虑到直边和曲边的利与弊，分割的更加精确美观。

要求学生一边操作一边记录分割的步骤，并思考：1. 你的分割步骤是什么？具体记录下来每一步是怎么分割的。2. 分割后的图形，它们之间有什么关系？

四、后期合作——拼一拼我拍的照片

知识基础：通过前段时间研究分割图形，以及制作“个性变形板”基础上进行。

活动要求：用自己创作的“变形板”拼摆照片上的图形。

核心活动：学生从生活中选择一个立体图形，给它其中的一个面拍照，用自己创作的“变形板”来拼摆这个图形，看看自己完成的怎么样。

同时思考：自己是怎样分割的？分割出什么图形？

学生在生活中先要选取自己感兴趣的物品，从这个立体图形中抽取出其中一个面来进行拍照。学生看着照片上的每一部分，再去思考如何分割成小部分，对学生来说也是一个图形再加工的过程。

学生作品赏析：

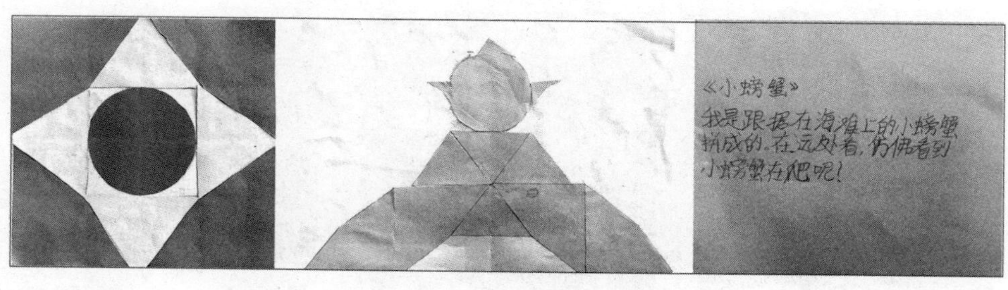

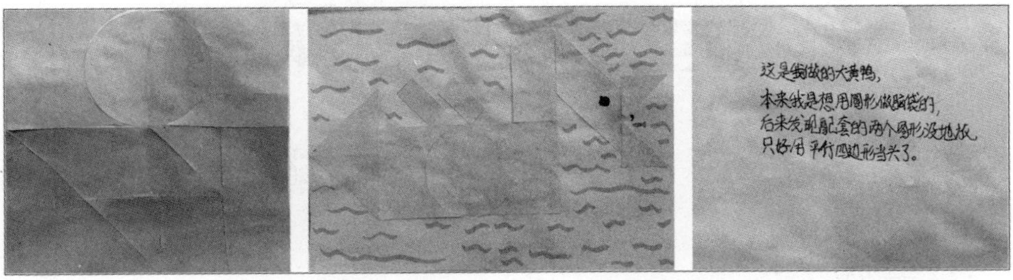

这是我做的大黄鸭，
本来我是想用图形做脑袋的，
后来发现配套的两个图形没地放，
只好用平行四边形当头了。

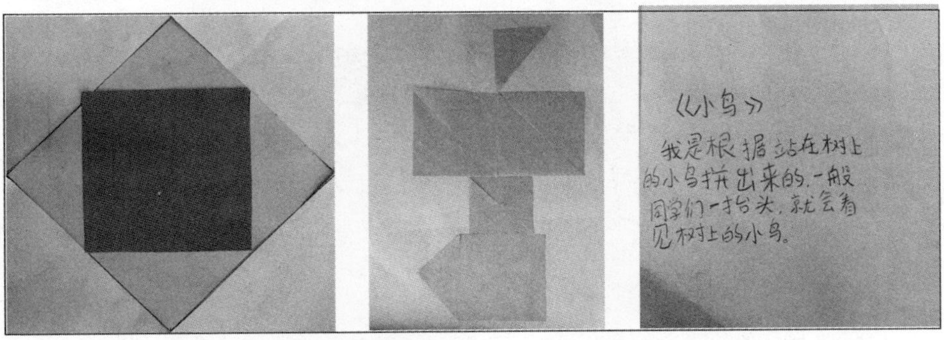

《小鸟》
我是根据站在树上的小鸟拼出来的，一般同学们一抬头，就会看见树上的小鸟。

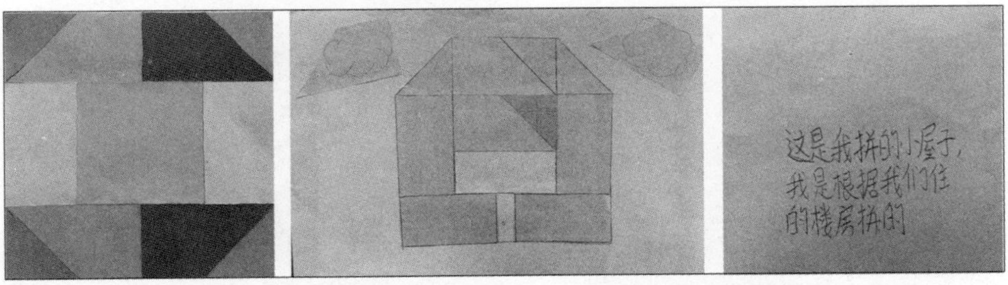

这是我拼的小屋子，
我是根据我们住的楼房拼的

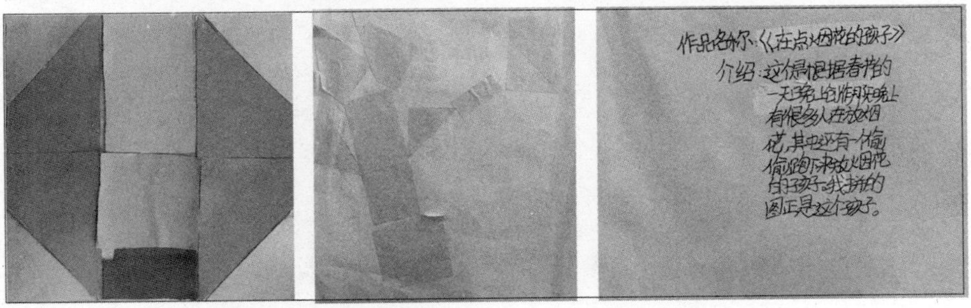

作品名称：《在点烟花的孩子》
介绍：这个是根据春节的
一天晚上的[illegible]晚上
有很多人在放烟
花，其中还有一个偷
偷跑下来放烟花
的孩子。我拼的
图正是这个孩子。

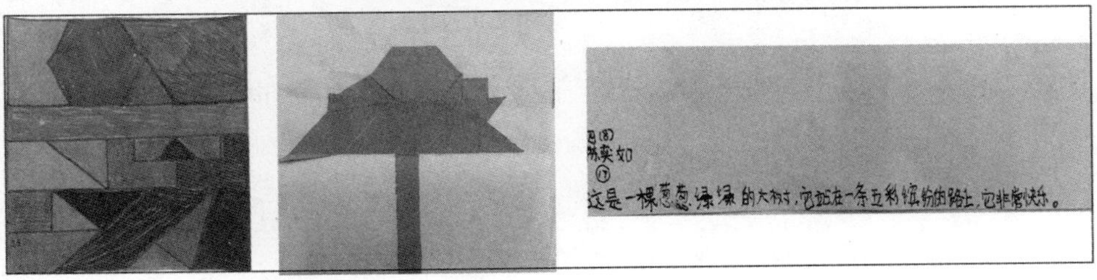

四(8)
林奕如
⑰
这是一棵葱葱绿绿的大树，它站在一条五彩缤纷的路上，它非常快乐。

第四部分：课程评价

一、量表评价

		1~2 分	3~4 分	5 分	总分
内容查阅完整	自评				
	互评				
	师评				
设计意图及制作方法介绍	自评				
	互评				
	师评				
设计美观有创意	自评				
	互评				
	师评				

二、评价细则及示例

（1）内容查阅完整方面

	评价细则	作品形式
5分	查阅资料的两项（发展历史和种类）都很具体，有文字和图画的具体说明。	形成完整的报告单
3~4分	查阅资料的两项其中一项很具体，另一项有简明扼要的描述。	报告单或者是调查表
1~2分	查阅资料的两项都不太具体，没有具体的文字和图片，描述不够清晰。	简单的调查表

（2）设计意图及制作方法介绍

	评价细则	作品示例
5分	作者能够完整地介绍个性板的设计意图，在制作方法介绍中能够总结出自己的制作及创意心得。	接着，在下面的二个月里，我们又做了二十面体，十二面体，爱心，钻石等等复杂的立体图形，最终我与蒋翔的合作，做出了一个城堡，我们都十分开心和享受这次活动。我以前动手能力不强，基本上不会做什么立体图形，但这次数学实践课不但提高了我的动手能力，还让我对立体图形产生了浓厚的兴趣，还让我成为了一个爱钻研，爱思考，爱动脑的孩子，使我从一个对立体图形一无所知的不爱钻研的孩子，变成了一个，看到立体图形
3~4分	作者基本清楚个性板的设计思路，在制作中没有总结出自己的心得。	没有总结
1~2分	作者没有自己的设计意图，制作的个性板较为粗糙，没有自己的想法。	没有思路和总结

（3）制作美观有创意方面

	评价细则	作品示例
5分	作品由多个图形分割而成，设计内容新颖、独特且具有趣味性、观赏性和实用价值，配色美观和谐，设计者具有一定的审美能力。	
3~4分	作品由多个图形分割而成，设计稍稍简单一些，配色较为单一。	
1~2分	作品只是一个分割图形，没有任何组合创新，设计内容非常简单，颜色单一。	

亲爱的同学们，经历了上面这些实践活动，对于体会图形及图形的变换你是不是更有信心了？你还有什么问题没有解决吗？还有什么想研究的问题吗？把你的问题写在下面的横线上。

____

____

____

____

趣味长方体和正方体

——五年级培养空间观念的实践活动

第一部分：课程目标

一、前期基本知识目标：

❶ 通过观察，制作长方体、正方体，认识两种立体图形的本质特征。

❷ 通过多次展开与折叠的活动，促进学生进一步掌握长、正方体的特征，提升空间观念。

二、中期制作长、正方体目标

❶ 根据自己的观察与思考，利用方格纸独立设计，制作长、正方体。

❷ 在制作长、正方体的过程中，引导学生根据长、正方体的剪开痕迹，绘制长、正方体展开图。

❸ 在制作长、正方体，绘制展开图的过程中，让学生体会面与体的关系，感受二维与三维空间的相互转换，发展空间观念。

三、后期制作机器人目标

❶ 鼓励学生独立创新，制作机器人，培养审美能力。

❷ 在相互评价的过程中，促进学生之间的相互交流、学习。

第二部分：组织形式

课程活动与课下个人活动相结合。

第三部分：课程内容

一、对课程主题的解读

本次研究主题为“趣味长方体和正方体”，通过一系列制作长、正方体的活动，让学生感觉二维到三维空间的转换，发展其空间观念。

1. 观察长、正方体，初步认识到长、正方体的特征，认知面、棱、顶点。

2. 独立设计 6 个面，在制作长、正方体的过程中，体会“面”与“体”的关系，认识到长、正方体面与面，面与棱，棱与棱，棱与顶点之间的联系，建立二维与三维空间的转换。

3. 分层次进行展开与折叠的活动，引导学生制作长、正方体，促进空间想象力提升。

二、活动流程

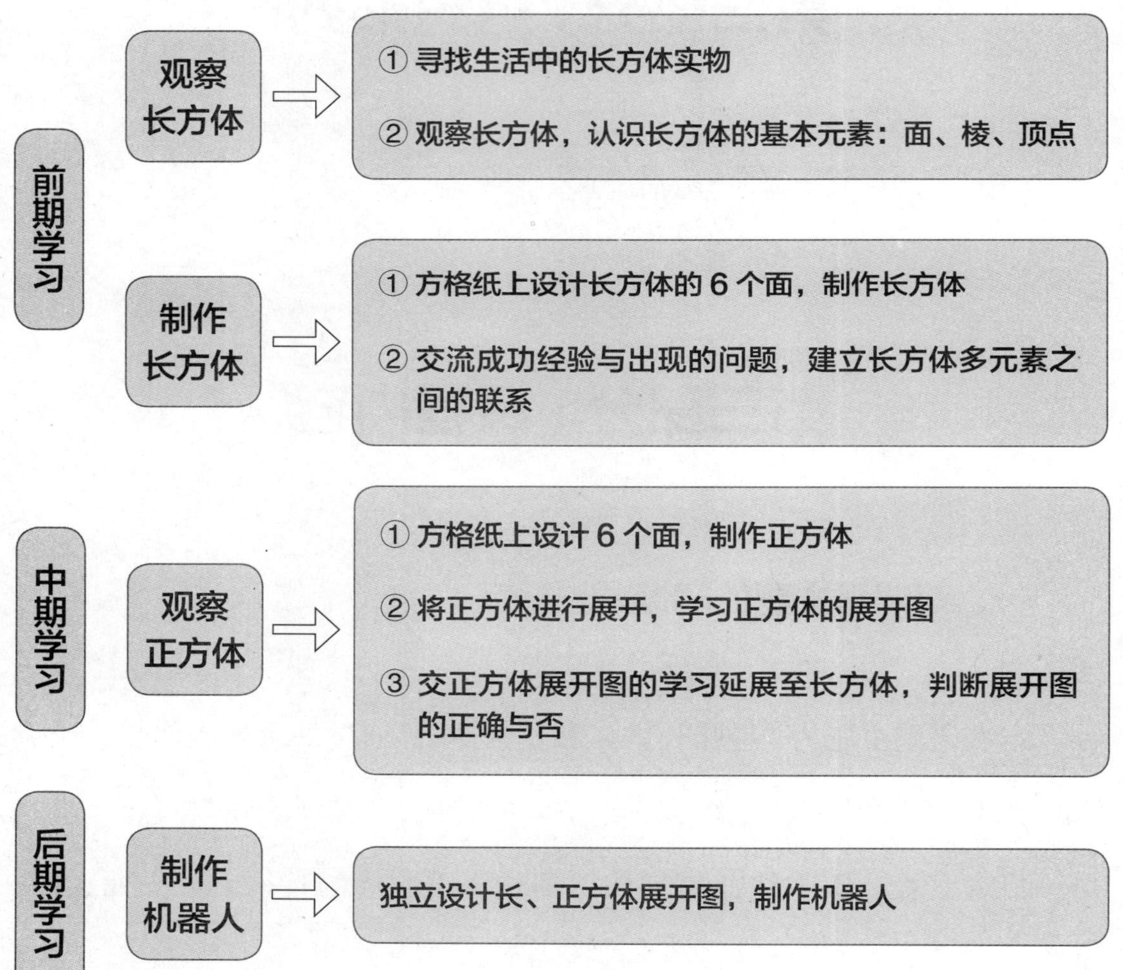

三、具体活动过程

（一）前期学习——认识长、正方体

1. 课上学习，在观察与制作的基础上认识长、正方体的特征。

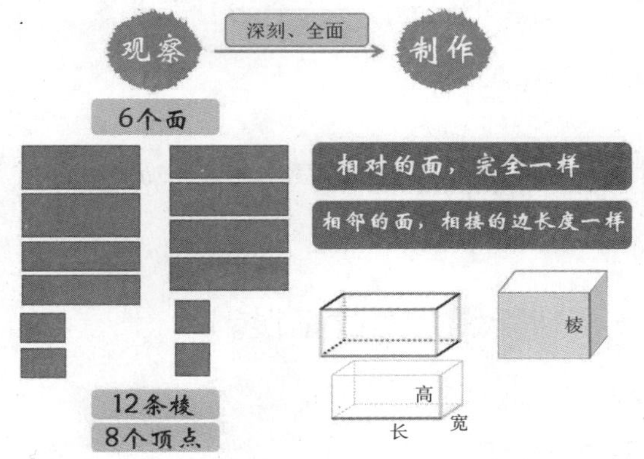

2. 利用生活实物组装机器人。

（二）中期制作——制作长、正方体

1. 第一次活动：设计正方体展开图，制作正方体。

独立在方格纸商设计 6 个面（单独），并制作成正方体。

2. 第二次活动：判断正方体展开图。

将自己制作的正方体制作成展开图，在班级内总结分类（11 种）。

3. 第三次活动：判断展开图正误。

① 指导学生观察。

② 想象，讨论展开图。

③ 能够从众多展开图种选择出正方体的展开图。

4. 第四次活动：绘制展开图。

① 想象正方体的展开过程，画出剪开的痕迹。

② 依据痕迹绘制展开图。

③ 依据痕迹剪开，判断展开图的正误。

（三）后期制作：

1. 第一次活动：利用方格纸绘制展开图，制作长、正方体，组建机器人。

2. 第二次活动：脱离方格纸绘制展开图，制作长、正方体，组建机器人。

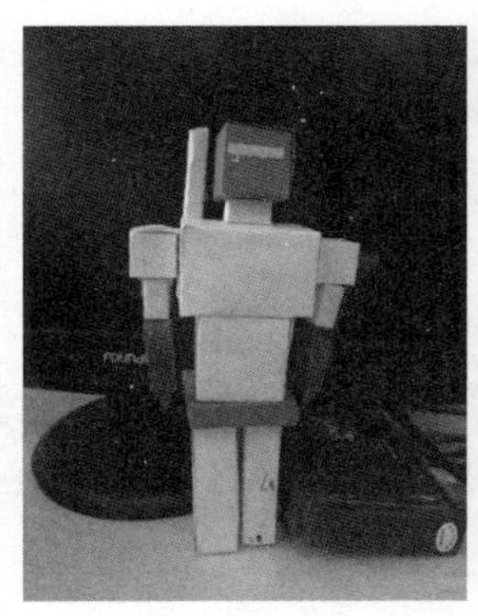  

3. 第三次活动：尝试绘制其他立体图形的展开图，组建机器人。

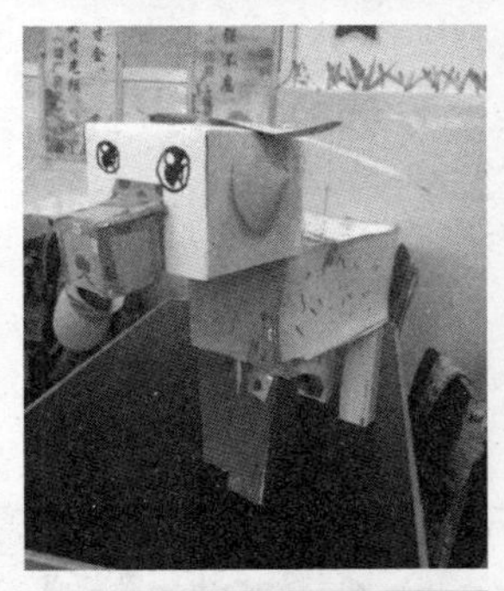  

第四部分：课程评价

一、评价量表

		1~2 分	3~4 分	5 分	总分
制作规范完整	自评				
	互评				
	师评				
制作美观有创意	自评				
	互评				
	师评				

二、评价细则及示例

（1）制作规范且完整方面

	评价细则	作品示例
5 分	作品中的所有接缝均严密整齐，无开裂或凸出现象，平面部分平整。	

3~4 分	作品中接缝偶有开裂或凸出的地方，平面部分偶有不平整的地方，但不影响整体作品效果。	
1~2 分	作品中的接缝极为不整齐，凹陷和凸出的地方较多，甚至平面部分有明显不平整的部分。	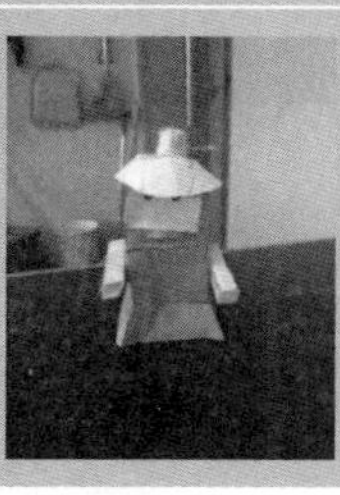

（2）制作美观有创意方面

	评价细则	作品示例
5 分	作品由多个立体图形组合而成，设计内容新颖。	
3~4 分	作品由长、正方体组合而成，设计稍简单。	
1~2 分	作品只有正方体或长方体组成，设计过于简单。	

亲爱的同学们，经历了上面这些实践活动，对于长方体和正方体的学习你是不是更有信心了？你还有什么问题没有解决吗？还有什么想研究的问题吗？把你的问题写在下面的横线上。

____

____

____

____

“玩儿转”面与体

——六年级培养空间观念的实践活动

第一部分：课程目标

一、前期基本知识目标：

❶ 在多次展开与折叠的活动中，让学生认识基本立体图形的本质特征并制作长方体、正方体、圆柱和圆锥等基本立体图形。

❷ 在制作圆锥的过程中，鼓励学生用多种方法制定圆锥的侧面和底面，从而培养学生科学严谨的学习精神以及解决问题的能力。

二、中期制作多面体目标：

❶ 鼓励学生根据自己的观察与思考，制作正八面体、正十二面体、正二十面体等。

❷ 在制作多面体的过程中，鼓励学生多角度观察与想象并绘制多面体的平面展开图，能判断平面展开图的正误。

❸ 在展开与折叠的过程中，体会面与体的关系，体验二维与三维空间相互转换关系，积累活动经验，发展空间观念。鼓励学生敢于克服困难、勇于挑战困难，培养学生坚韧的学习品质。

三、后期创作立体图形目标：

❶ 在创作立体图形的过程中，鼓励学生不断创新，制作既美观又实用的成品，从而培养学生合作交往及审美的意识和能力。

❷ 在立体图形的制作、交流、评价中，培养学生的合作意识，提高学生的分析和表达能力，发展学生的创新意识和推理能力。

第二部分：组织形式

课堂活动与课下小组活动相结合。

第三部分：课程内容

一、对课程主题的解读

本次研究主题为"玩儿转"面与体。通过二维与三维的变幻，发展空间观念，具体来讲，就是要开展一系列复杂立体图形的制作活动。

1. 从图形认识的角度，有关圆柱、圆锥的学习要激发学生从多角度认识与观察，如展开图、旋转、截面、与长方体的联系等，多角度沟通“面”与“体”。

2. 从教学方式的角度，通过生活经验的回忆、实物观察、动手操作、想象、描述和表示、联想、模拟、分析和推理等途径，让学生感知和体验空间与图形的现实意义，初步体验二维与三维空间相互转换的关系，逐步发展空间观念。

3. 从实践活动的角度，展开与折叠实践活动可分层进行，教师应指导学生观察的方法，给予学生充分的想象时间和空间，并提示制作的技巧，展开与折叠可以交替进行，挑战学生的空间想象。

二、活动流程

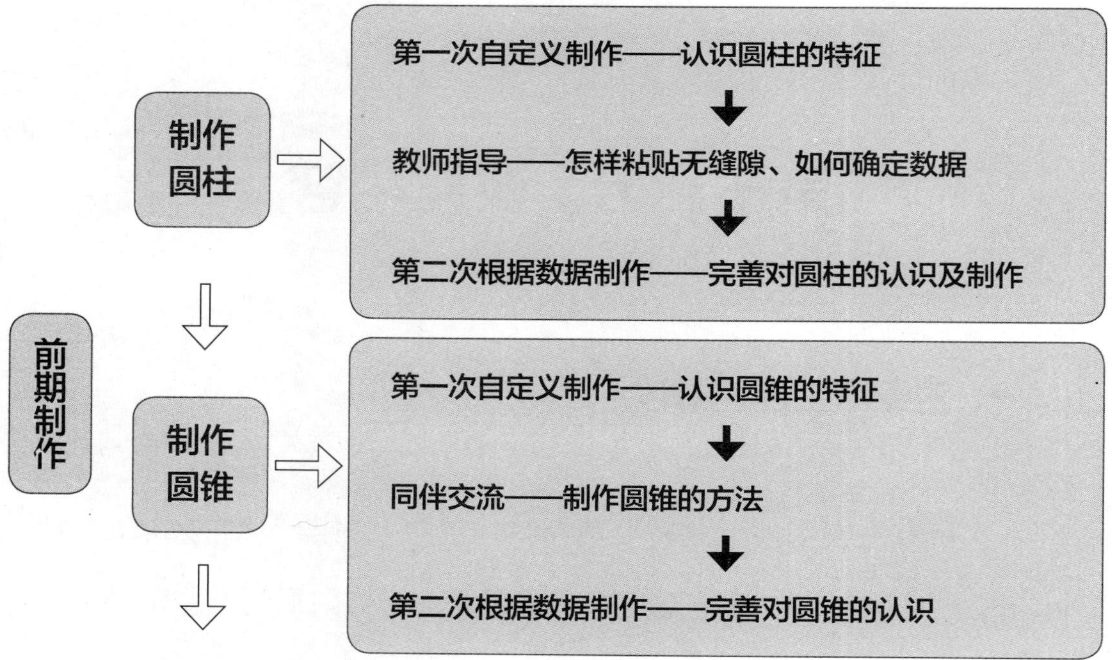

前期制作

制作蒙古包 → 根据数据制作——认识圆柱和圆锥的关系

中期制作

制作正四面体 → 独立观察与想象，展开与折叠，同伴交流展开图

↓

制作正八面体 → 观察、想象、绘制展开图，同伴交流

↓

制作正十二面体 → 观察、想象、绘制展开图并判断正误，同伴交流

↓

制作正二十面体 → 观察想象并独立制作

后期制作

三、具体活动过程：

（一）前期学习——制作圆柱、圆锥

在没正式学习之前，结合课内学习圆柱和圆锥的同时，可以尝试画展开图，并独立制作圆柱和圆锥，进行第一次活动。

1. 第一次活动

知识基础：依据低中年级对圆柱和圆锥的认识，进行本活动拓展学习。

活动要求：独立制作一个圆柱和一个圆锥。

活动反馈：① 出现圆柱或圆锥的侧面与底边对不上的情况，原因是没关注到侧面与底面之间的关系，只考虑了侧面和底面的形状分别是什么样的，这是一种局部思维。② 制作时，粘贴处有较大的缝隙，没有留边，粘贴不美观。

基于学生情况，在学习完圆柱与圆锥后，可以组织第二次活动。

2. 第二次活动

知识基础：学习完圆柱与圆锥后，发现圆柱的底面圆的周长 = 圆柱侧面长方形的长。

活动要求：思考讨论如何画圆柱、圆锥的展开图，完成报告单。

① 圆柱（先画圆再画长方形）

② 圆锥（先画圆再画扇形）

活动反馈：发现在画展开图时能够考虑到侧面与底面的关系，并能够适当留边，制作的更加精确美观。

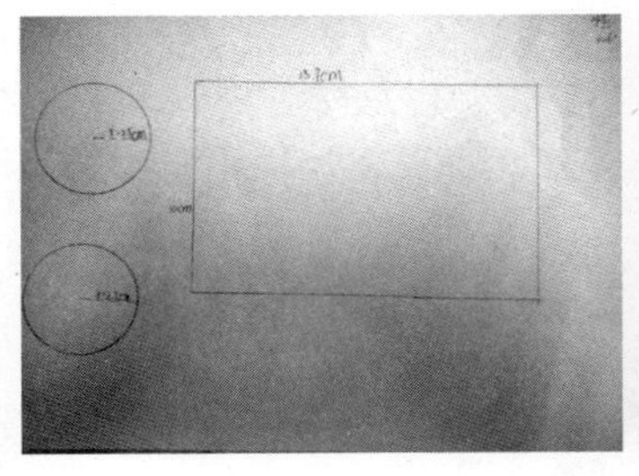

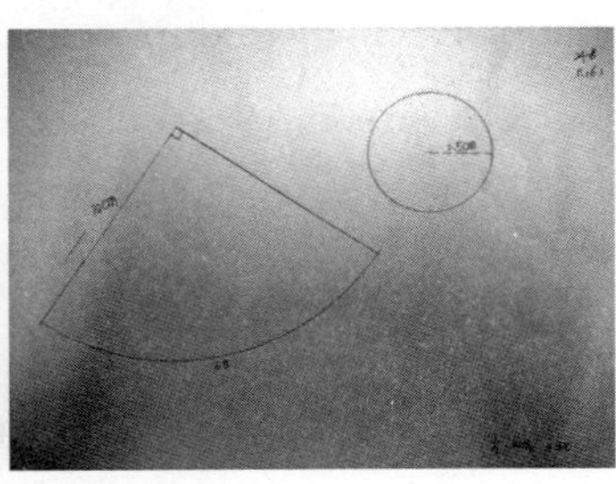

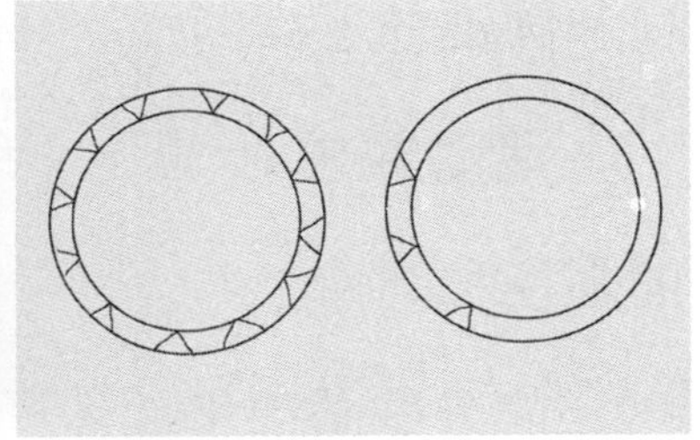

在学习完圆柱与圆锥后，就会发现圆柱的底面圆的周长 = 圆柱侧面长方形的长，学生在讨论画展开图的时候关注到了它们之间的关系，且能发现在画圆柱展开图时，先画底面的圆再画侧面长方形更准确。圆锥的展开图虽然书上不作要求，但是也能从多角度去考虑制作。

可以假设侧面圆为$\frac{1}{2}$圆，$r=5cm$，$C_{\frac{1}{2}圆}=5\pi$。
因而底面圆周长为5π
推理可知底面圆半径
$r=\frac{C}{2\pi}=\frac{5\pi}{2\pi}=2.5cm$。
由此可制作圆锥的侧面和底面。

从底面圆入手考虑

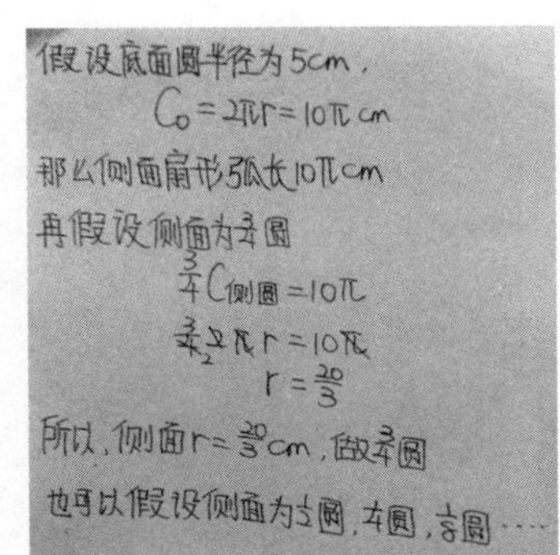

从侧面圆入手考虑

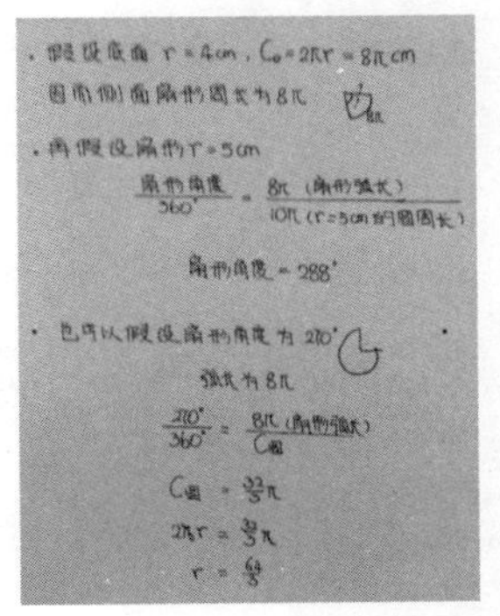

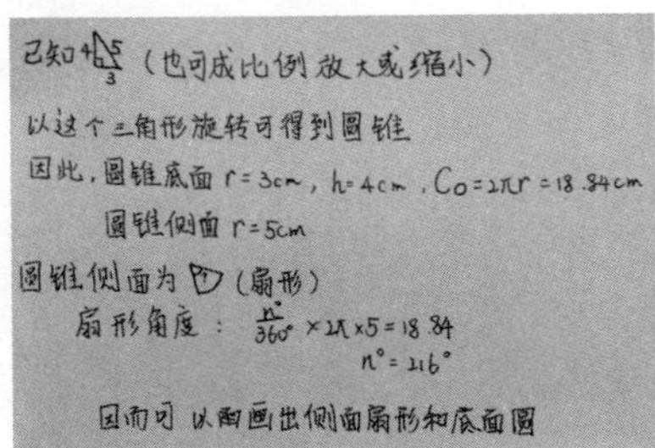

从侧面扇形的角度入手考虑

3. 第三次活动

知识基础：已能够利用图形之间的关系较为准确的按要求画出圆柱和圆锥的平面图

活动要求：（规定 r 和 h）制作半径为 3cm，高为 5cm 的同底等高的圆柱和圆锥。

先分别画出平面展开图再做立体图形，（先做圆锥再做圆柱更容易，为后面学习圆锥体积做准备）。

活动反馈：充分进行平面展开图与立体图之间的转换。

（二）中期指导——做正多面体

第一次活动：根据展开图制作正八面体。

核心活动放在如何观察正多面体上，首先会观察；然后想象与讨论正多面体展开图，尝试制作找问题，然后进行再次制作。

再观察正多面体的过程中发现，主要从三种角度去观察的：分开

看，上下两层，看成菱形图。

观察很重要，分开看与合起来看哪种能更有利于展开图变成立体图形？考虑到在制作过程中，可能会遇到困难，因此可以借助工具图，如三角形纸和点子图，来画多面体的展开图，并经历尝试制作和再次尝试的过程完成正多面体制作。

第二次活动：正二十面体的制作。

指导制作步骤：

① 指导学生会观察

② 想象、讨论展开图

③ 尝试制作找问题

④ 再次制作

活动反馈：1. 孩子整体意识增强，能够比较容易寻找到展开图。2. 学习过这两个活动以后你还有什么想法吗？做其他立体图。3. 第三次活动：第一次自己创作多面体。

独立创作组合多面体，从图片我们也能看出，有的学生能够根据立体图画展开图，说明思维变开阔了，但是仍然有部分学生留边不好，思维不够发散，有局限，可以继续往下进行拓展活动从而辅助完善思维。

第四次活动：观察同学制作的多面体，想象并画出展开图。

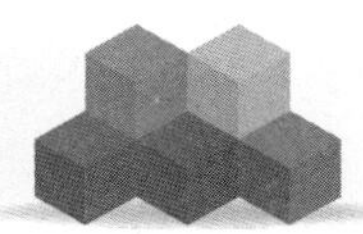

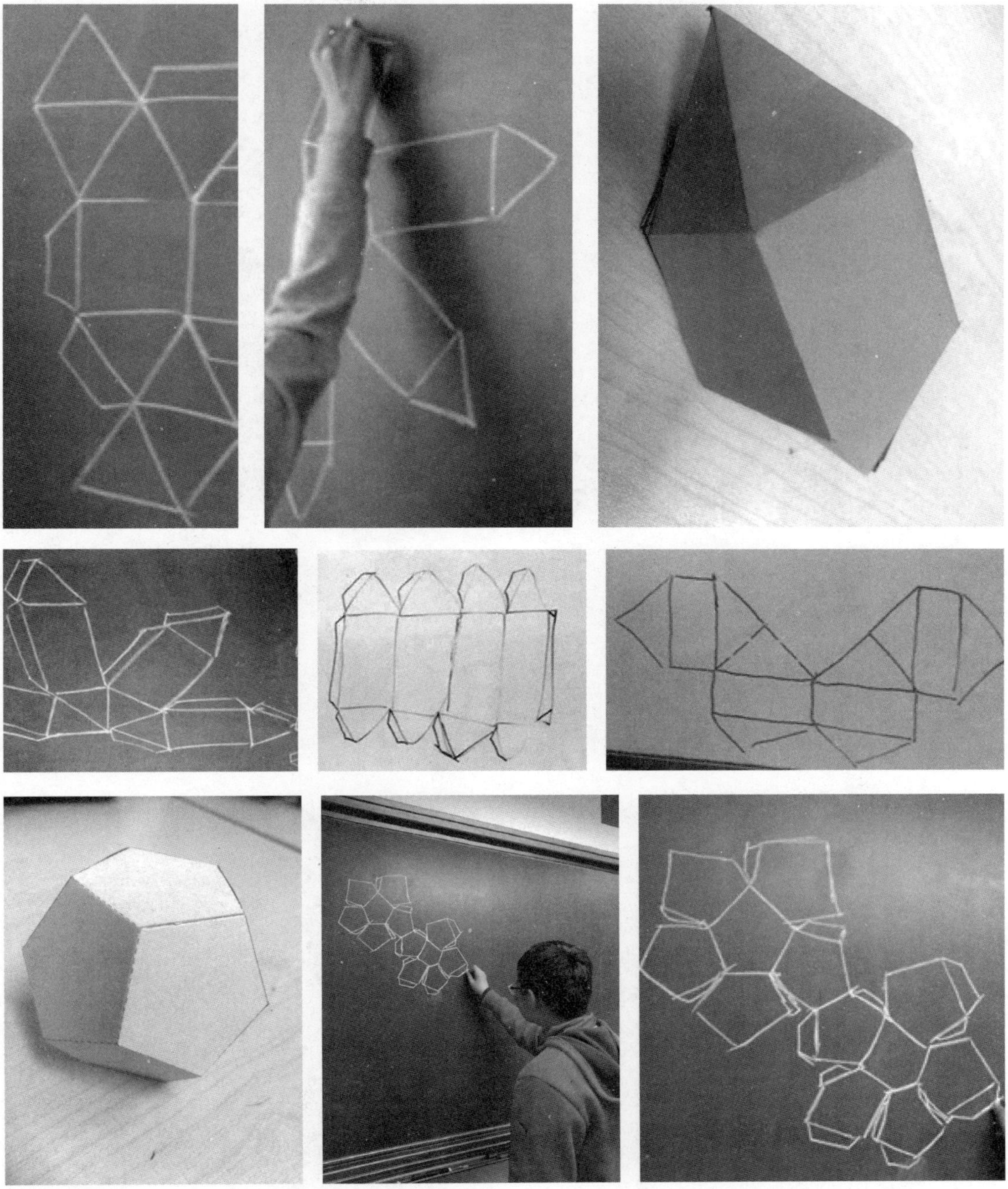

活动反馈：大部分学生可以根据简单立体图形一下找到展开图的

样子，由立体到平面再到立体（逆向思维过程）。

第五次活动：再次自己创作多面体，巩固所掌握知识。

（三）后期创作——创作组合多面体

在前面学习和制作的基础上，组织学生自主设计、创作一个模型。

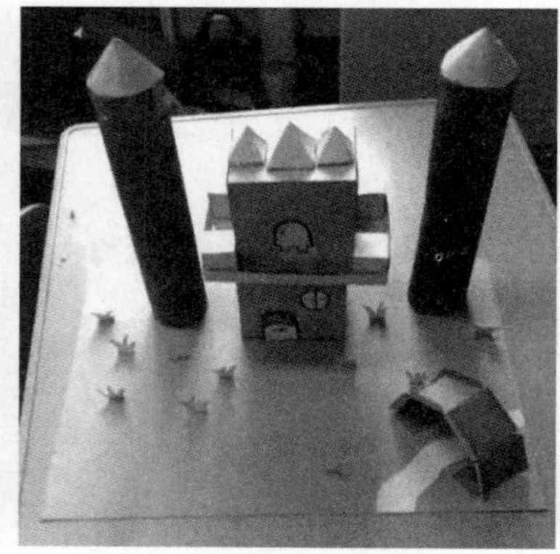

第四部分：课程评价

一、量表评价

		1~2 分	3~4 分	5 分	总分
制作规范完整	自评				
	互评				
	师评				

续表

		1~2 分	3~4 分	5 分	总分
制作美观有创意	自评				
	互评				
	师评				
设计意图及制作方法介绍	自评				
	互评				
	师评				

二、评价细则及示例

（1）制作规范且完整方面

	评价细则	作品示例
5 分	作品中的所有接缝均严密整齐，无开合或凸出现象，平面部分平整。	
3~4 分	作品中接缝偶有开合或凸出的地方，平面部分偶有不平整的地方，但不影响整体作品效果。	
1~2 分	作品中的接缝极为不整齐，凹陷和凸出的地方较多，甚至平面部分有明显不平整的部分。	

（2）制作美观有创意方面

	评价细则	作品示例
5 分	作品由多个正多面体组合而成，设计内容新颖、独特且具有趣味性观赏性和实用价值，组合体配色美观和谐，设计者具有一定的审美能力。	
3~4 分	作品由 1~2 个立体图形组合而成，设计稍稍简单一些，配色较为单一。	
1~2 分	作品只是一个多面体，没有任何组合创新，设计内容非常简单，颜色单一。	

（3）设计意图及制作方法介绍

	评价细则	作品示例
5 分	作者能够完整地介绍作品的设计意图、设计灵感，对于自己的作品能够客观正确的评价，能够总结出自己制作及创意心得。	
3~4 分	作者基本清楚作品的设计思路，对于自己的作品能够客观正确的评价，提出改进措施。	
1~2 分	作者没有自己的设计意图，制作的作品较为粗糙，没有自己的想法。	

亲爱的同学们，经历了上面这些实践活动，对于“面”与“体”的关系你是不是更清晰了？你还有什么问题没有解决吗？还有什么想研究的问题吗？把你的问题写在下面的横线上。

____

____

____

____